諸富 徹
Toru Morotomi

グローバル・タックス

――国境を超える課税権力

JN030706

目　次

章扉図版：１２３ＲＦ

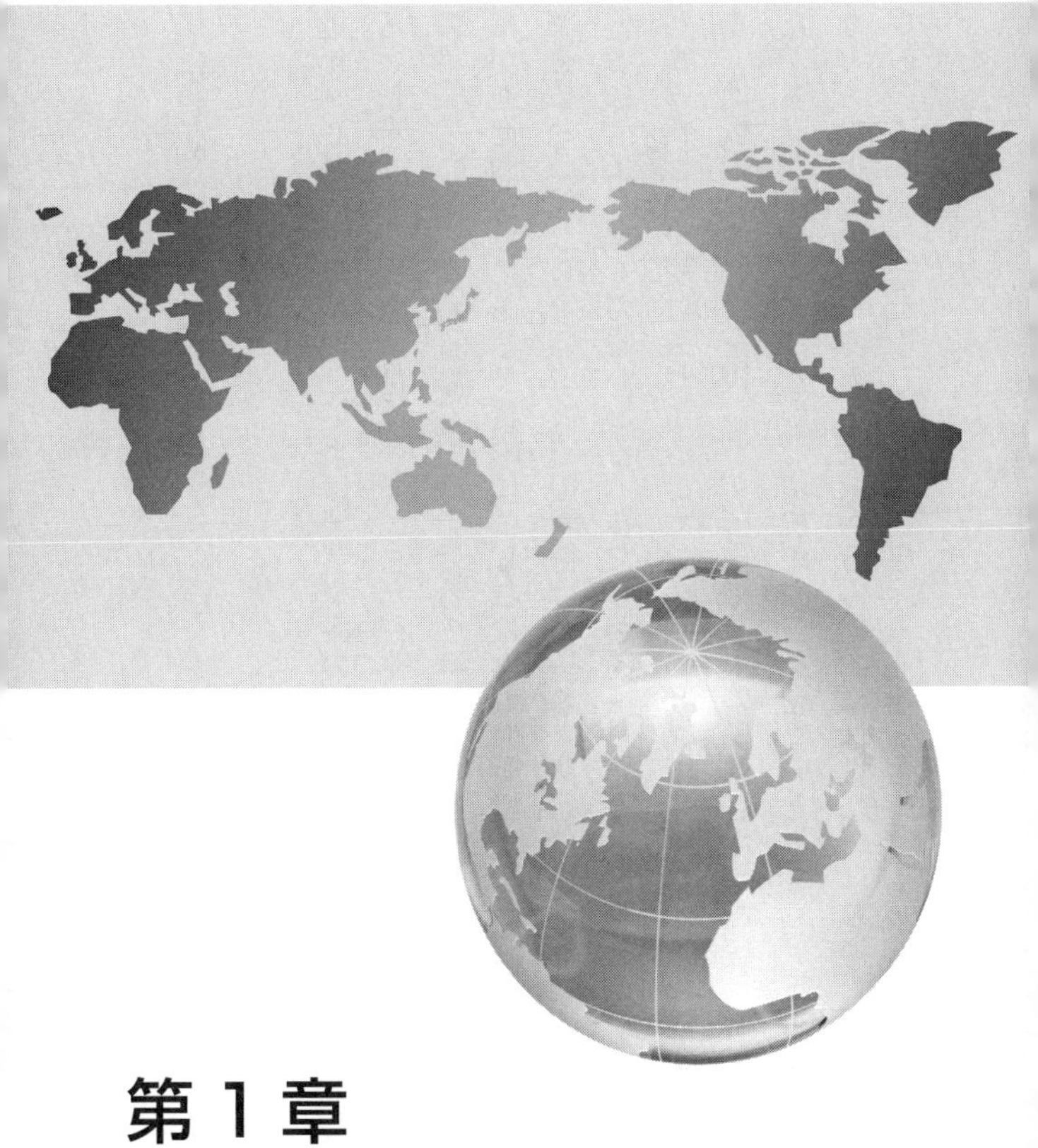

第 1 章

資本主義とともに変わりゆく税制

はじめに

近年、わが国では増税といえば消費税率の引き上げを意味していた。たしかに欧州諸国に比べると日本の消費税率は低く、まだまだ税率の引き上げ余地はあるといわれる。強固な福祉社会の構築のため、消費税率を引き上げるのは有力な選択肢の1つだ。しかし消費税の問題は、それが逆進的な点にある。貧困に苦しむ人々も低所得者も、買い物の際に金持ちと同じ10%の税率を払わねばならない。彼らの所得は金持ちよりも少ないので、消費税の負担は貧困者や低所得者に、より重くのしかかる。私たちが福祉の充実を求めるほど、その対価として逆進的な消費税の負担増を受け入れざるをえないという構図が繰り返されてきた。税率が10%となったいま、消費税は所得税を抜いて、国税で最大の税源となった。

だがちょっと待ってほしい。増税がやむをえないとしても、まずは金持ちや儲かっている企業など、負担能力のある人・企業から優先的に増税してほしい、という声が出るのは当然のことである。筆者もそう考えている。実際、税制の歴史を振り返ると、所得税と法人税が税制の主役に躍り出た戦間期(第一次世界大戦と第二次世界大戦に挟まれた期間)以降、税負担は主として金持ちや儲かっている企業が担ってきた。だが、「税負担は負担能力のある人・企業がより多く担う」という戦後のコンセンサスは、1980年代の新自由主義の台頭によって崩れていった。所得税や法人税は減税され、所得税の累進税率も緩やかになって「フラット化」が進んだ。

21世紀のいま、再び金持ちや儲かっている企業に課税強化できるだろうか。筆者の答えは、「それは実行すべきであり、ある程度まで可能だが、その副作用も大きい」というものである。副作用とは何か。典型的には、所得と富のタックス・ヘイブンへの流出である。加えて、企業の低課税国への移転を挙げてもよい。20世紀ならば可能だった課税強化が、なぜいま難しいのか。それは経済がグローバル化し、デジタル化したことで、所得と富が国家による課税の手を逃れ、その権力の及ばない場所に移動することが容易になったからだ。

もちろん、金持ちや儲かっている企業への課税強化は可能だ。だがそのためには、国境を越えて課税を逃れる所得や富を捕まえ、しっかり課税できる体制を構築しなければならない。また、国境を超えて活動領域を広げる多国籍企業に対し、国境の内側でしか課税権力を行使できない国家、という両者の非対称性を認めることから議論を始めなければならない。国家はもはや、全能ではないのだ。これを乗り越える鍵は、一層の国際協力にしか見出せない。これは21

世紀経済の現実に合わせて、課税権力のあり方を根本的に見直す議論につながる。この問いに対する本書の回答は、「課税権力のグローバル化の推進こそ重要だ」というものだ。もちろん、それが暴走しないよう各国国民による民主主義的なコントロール下に、グローバル化した課税権力を服させる必要はある。

本書の主題は、グローバル・タックスである。通常、グローバル・タックスというとトービン税(国際通貨取引税)や国際連帯税、あるいは金融取引税など、様々なアイディアが議論され、一部は実施に移されてきた。これは、国際公共財の財源調達を念頭に置いて、国境を越える経済活動に対して課される税だということができる。だが本書では、グローバル・タックスをもっと広くとらえたい。つまり、自国の課税権の範囲で自己完結しない税、たとえばデジタル課税もそうだが、新しい国際共通ルールをつくって、その下で各国が協力しつつ実施していくタイプの税金も広く「グローバル・タックス」と呼んで議論していきたい。現在、グローバル・タックスと呼ばれることはない法人税、所得税、そして消費税であっても、国境を超える共通ルールの下、国際協力に基づいて課される税であれば、それをグローバル・タックスの範囲に含めて議論する。経済協力開発機構(Organisation for Economic Co-operation and Development: OECD)で議論されているデジタル課税が、まさにこのケースに該当する。そのことによって変容しつつある課税権力の姿を、より鮮明に浮かび上がらせることができると思う。

本書では以下、こうした問題意識に基づいて、なぜ「税負担は負担能力のある人・企業がより多く担う」という20世紀のコンセンサスが崩壊していったのかをまず明らかにする。そのうえで、このコンセンサスを再興するには、21世紀経済の現実に合わせて新しい課税ルールで国際合意を形成し、実行していく必要があることを説明する。そして、それを実現する主体として「課税権力のグローバル化」を実現する必要があり、そこに私たちは、21世紀の「新しい課税権力の形」を見出すことになるだろうとの展望を示したい。こうして体制を整え、本来課税されるべき所得と富にしっかり課税してこそ、私たちは税制がますます逆進的になっていくのを止めることができるのだ。

1　グローバル化/デジタル化で問われる課税権力——本書の主題

1980年代以降の各国税制にもっとも大きな影響を与えたのは、経済の「グローバル化」と「デジタル化」であった。グローバル化/デジタル化の進展、そして情報通信技術の発展により、国境を超える資本移動が劇的に増えた。このため、低税率国や租税回避地(タックス・へイブン)の利用による租税回避が容易になったのだ。高所得者層が所得を税負担の低い海外に流出させることを恐れた課税当局は、最高限界税率(複数ある所得税率のうち、最高の所得分位に適用される最も高い税率のこと)を引き下げ、所得税をフラット化(最高限界税率を引き下げることで税率構造を、所得の上昇とともに税率が急峻に上昇する形から、緩やかにしか上昇しない形に変えること)していった。高所得者層の所得税負担は大幅に引き下げられ、税制の所得再分配機能が大幅に失われたのだ。

法人税もまた、グローバル化で最も影響を受けた税目の1つである。多国籍企業はグローバル化にともなって、本国での立地にこだわらなくなり、グローバルな観点から最適な立地を探すようになった。税負担の軽重は、その際の大きな考慮要因となる。企業活動が海外に流出することを恐れる各国政府は、税率引き下げで国内企業を引き止め、さらに海外企業を引き寄せようとする。こうして各国は「租税競争(tax competition)」に突入し、その法人税率は大幅に下方シフトしていった。

こうした「所得税のフラット化」、「法人税率の引き下げ」、さらには「タックス・ヘイブン利用による租税回避」が行きついた先で、税制はいったいどう変容するのだろうか。第1は巨額の税収損失であり、第2は租税構造の逆進的な変化である。これらについては第2章・第3

章で論じるが、いずれにせよ、国民国家を前提とする「課税主権」(国家主権の中核的な一部であり、領土内でどのような租税を、誰に対して課すかを決定し、実行する排他的な権利を国家がもっていることを意味する)の弱体化を示している。

経済がグローバル化し、企業もますます多国籍化しつつあるこの時代に、課税権力(課税主権を実行に移すことを可能にする「権力」のこと。言い換えれば、国民の所得や財産の一部を強制的に国庫に移転させる「力」だといえる。課税権力の暴走を抑止するためにも、課税権力は必ず法律に基づいて行使されねばならない(租税法律主義))を支える国家主権が、いまだに１６４８年のウェストファリア条約以来の国民国家の枠組みに留まっていることとの矛盾が、もはや覆い隠せなくなってきていることを示している。

各国は様々な税制改革を通じて、この問題に一国単位で対処する努力も行ってきた。だが、それだけでは限界がある。グローバル化の圧力に抗して公平課税を実現するには、国境を超えるより強力な課税の枠組みが必要である。そのためには、現在の国際協力の枠組みを深化させるか、あるいは課税権力を国家主権の制約から解き放って欧州連合(European Union: ＥＵ)などの超国家組織に移譲し、経済のグローバル化に対応する租税ガバナンスの新たな仕組みを構築する必要がある。

将来的には、ＥＵなどの超国家組織や国際連合などの国際機関による課税か、あるいは各国共同による世界的な共通課税、つまり「グローバル・タックス」の導入も構想する必要があるだろう。これらをいったいどうやって推し進めるべきなのか、その時に、課税権力の形はいったいどうなるのか、これらの問いに回答を与えることが、本書の主題である。

2　資本主義経済と政策課税

租税を論じることとは、国家のあり方を論じることに他ならない。しかし、国家のあり方をどう捉えるかは、資本主義経済をどう捉えるかで大きく異なってくる。資本主義は放っておいても自律的にうまくいくと捉えるのか、それとも放っておくと問題が生じるために、国家が介入しなければならないと考えるのか。

前者であれば、国家は市場に対して控えめに存在するだけでいいし、市場ができない仕事を最小限果たせばそれで十分である。この場合、租税負担はなるべく低い水準に留め、その課税の仕方は、資本蓄積を阻害しないように設計されるべきだ、ということになる。

これに対して、自由放任の下では市場が必ずしもうまく機能せず、むしろ国家の介入が必要になると考える多くの経済学者、財政学者たちがいた。その場合には、国家は積極的に市場に介入し、資源配分の是正を図り、公平な競争環境を回復する手立てをとるべきだ、ということになる。

こうした視点から租税に新しい役割を与えようとした一連の経済学者、財政学者たちは、租税をたんなる財源調達手段とみるのではなく、それに経済政策や社会政策上の政策手段としての役割をもたせようとした。こうした役割をもった租税のことを、「政策課税」と呼ぶ。

例えば、19世紀ドイツのアドルフ・ワグナーは、資本主義経済がその発展とともに階級の分化、格差の拡大、貧困問題を激化させていくのをみて、税制が社会政策上の機能(所得再分配機能)を積極的に果たすべきだと主張、累進所得税を提唱した。彼のアイディアは後に、イギリスの経済学者アーサー・セシル・ピグーによって、厚生経済学の視点からより精緻な理論的根拠を与えられた。

経済学者たちが立ち向かう問題は、20世紀に入ると所得分配問題から、民主主義にとって脅威と受け止められるほど巨大な経済権力を打ち立てた独占・寡占問題へ、さらには第二次世界大戦を経て1970年代以降、国境を超える投機的な資本移動の問題や気候変動問題へと拡大していった。

アメリカのローズベルト政権は、経済学者レックスフォード・タグウェルらブレーン・トラスト(Brain Trust：知識人からなる大統領への助言者集団)の協力をえて、「留保利潤税」を導入し、独占・寡占体のコントロールを通じて経済復興を図るという野心的な課題に果敢に挑戦した(諸富 2013)。1990年代以降は、気候変動問題に取り組むために、北欧諸国を皮切りに炭素税の導入が始まり、その試みはいまやグローバルな広がりを見せている。これは、経済学者ピグーの提案に起源をもつ。さらに、国境を超える投機的な資本移動に対しては、いまだ実現していないが、EUが金融取引税を導入するという構想を掲げている。

金融取引税の最初のアイディアは、アメリカの経済学者ジェームズ・トービンによって示された。彼はそもそもケインジアンであり、トービン税構想もまた、ジョン・メイナード・ケインズの「証券取引税」提案に遡ることはよく知られている。ケインズは自由放任を批判しつつ、金融を「実物経済の僕《しもべ》」と位置づけて国際的な資本移動をコントロールするブレトンウッズ体制の構築に、文字通り命懸けで尽力した。そのようなケインズの思想を継承したトービンから、国境を超える資本移動が激化するグローバル時代の世界にふさわしい新しい政策課税構想が提出されたのは、決して偶然ではない。

ケインズとトービンは、(1)自由放任下の資本主義が、そのままでは完全雇用を保障し、安定した経済成長を達成することはできないこと、それらを実現するためには、(2)理性に基づく「人為」の力で資本主義がうまく機能できるよう制御する必要があること、これら2点について、完全に認識を共有していた。つまり資本主義が「健全な」発展を遂げるためにこそ、政策課税を用いた国家の手による資本主義経済システムの制御が必要なのだ。

彼らに共通する「資本主義観」とは、所得と富の格差が小さく、完全雇用が実現し、独占・寡占はコントロールされて適切な競争環境が維持され、金融は実物経済の黒衣となって支える側に回り、そして地球環境が守られた状況下で、実物経済の適度な成長が実現する経済社会こそが望ましいというものであろう。これに、現代税制にとって最大のチャレンジであるデジタル課税の問題を付け加えてもよい。

現在、米国時価総額のトップ5はアルファベット(グーグルの持ち株子会社)、アップル、フェイスブック、アマゾン、そしてマイクロソフトの「GAFAM」(これら5社の頭文字をとった略称。マイクロソフトを除く4社で「GAFA」と呼ばれることも多い)で、その合計額は5兆6500億ドル、時価総額全体の17%に達し、2000年代のITバブル時代よりも寡占率が高まっているという(日本経済新聞電子版、2020年5月26日)。

本書第3章でみるように、GAFAMはタックス・ヘイブンを利用したアグレッシブな租税回避行動をとる企業としても有名である。こうした租税回避で貯めこまれる利益は、ただでさえ懸念されている彼らの寡占力をさらに強め、市場における公正な競争を歪めることにつながる。したがってデジタル課税は、公平な課税を実行するための手段であるだけでなく、巨大デジタル企業による一層の寡占力の高まりを抑止する政策課税としての色彩を帯びてくる。

以上は、けっして資本主義否定論ではない。それどころかそれは、むしろ資本主義をより高次の段階へとバージョンアップさせるためのプロジェクトだとすらいえる。

3　問われるグローバル化への対応能力

問題はしかし、1970年代のブレトンウッズ体制崩壊以降、法人が国境を越えてグローバルな空間に活動領域を広げたため、国家が資本主義経済に対して財源調達力のみならず、資本をコントロールする機能を喪失した点にある。結局、この問題に対する解法は、「課税権力のグローバル化」しかないのだ。

それには、各国が固有の租税条約条文をもち、その締結・運用と情報交換を、あくまでも独立した主権国家として二国間の枠組みのみで実施する「二国間主義(bilateralism)」からの脱却が必要である。「気候変動問題」における京都議定書のように、共通の課税ルールを定めた租税条約について多国間交渉を行い、国際合意が形成され、その共通ルールを各国が批准して発効させるといった「多国間主義(multi-lateralism)」を推進する必要がある。さらに、課税情報の多角的な常時交換を行う「多国間課税情報ネットワーク」の構築も必要だ。

これらは、あくまでも課税権力を国家主権に基づかせたまま、それを相互にネットワーク化し、地球上に課税の空白地帯が生じないように網の目を張りめぐらせる方法だといえよう。

これとは別に、課税権力をお互い集約して共通の課税権力を創出するか、あるいは超国家組織や国際機関に対し、課税権力の一部、もしくは全部を移譲し、国民国家の枠組みを超える新たなグローバル課税権力を創出するというアプローチがありうる。こうした国民国家を超える課税権力の基盤に拠って導入されるのが、「グローバル・タックス」である。

以上の「課税権力のグローバル化」ともいうべきアプローチが可能になれば、経済のグローバル化に対抗して、課税権力もその活動領域をグローバル次元に拡張できる。課税権力が国民国家に保持されたままネットワーク化されるにせよ、それとも超国家組織や国際機関に移譲されるにせよ、近代国家成立以来の大変革となる。国民国家と一体不可分だった課税主権は、グローバル化に向けて新しい形を模索することになる。

以下、本書ではこうした課税権力の新しい形を、ＯＥＣＤのデジタル課税提案やＥＵの新規財源獲得に向けた新しい動きの中に見出し、その骨格を描いていくことにしたい。

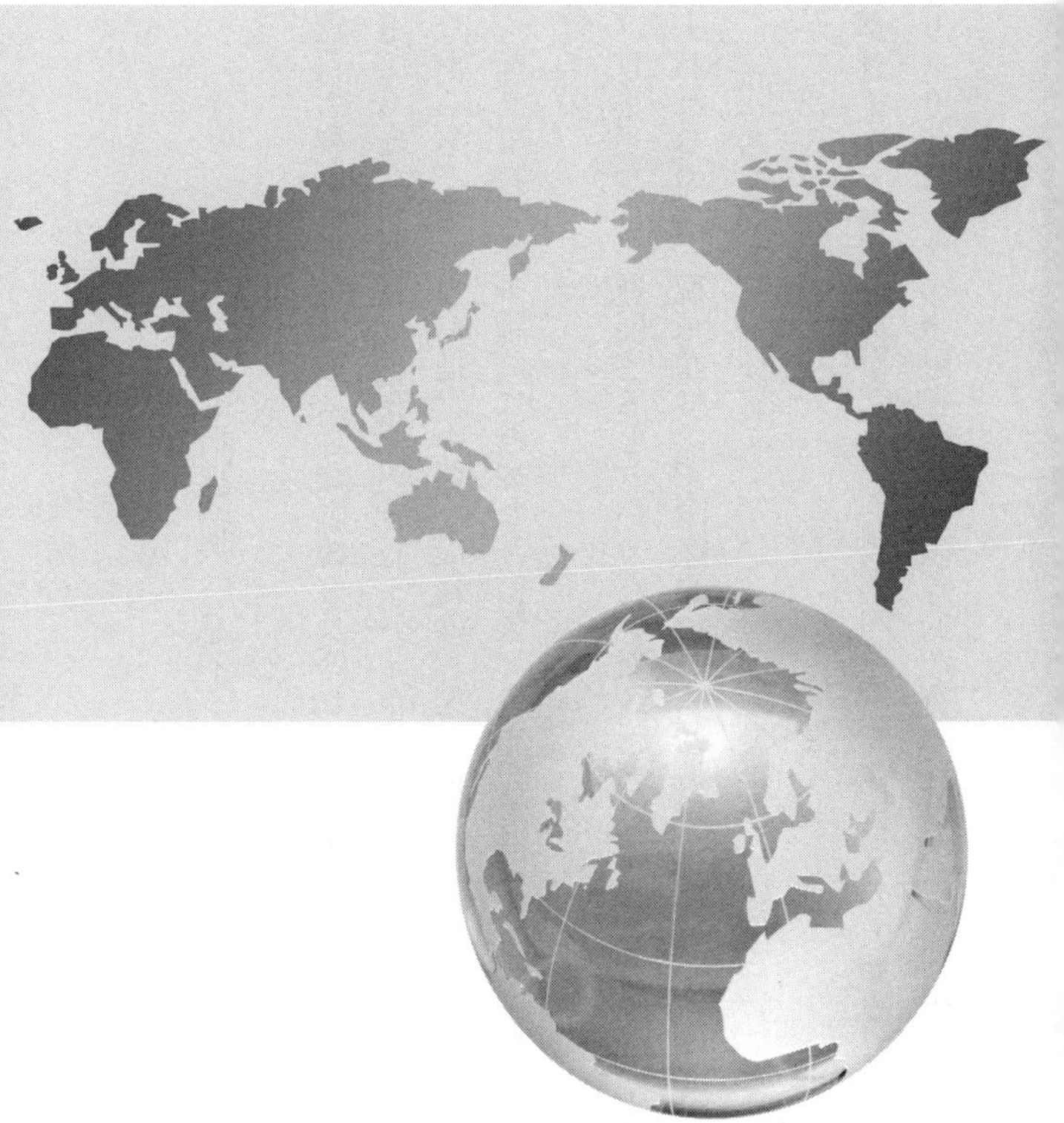

第2章

グローバル化と国民国家の相克

1　グローバル化の税制へのインパクト

現代の税制にもっとも大きな影響を及ぼしている要因の1つは、経済のグローバル化である。1980年代以降に本格化したグローバル化は、「反グローバリズム」の対抗運動を呼び起こしながらも、現在なお進行中だ。これは、人、企業、モノ・サービス、資金、そして情報の国境を超える移動が飛躍的に増加した結果、世界経済がますます緊密に結びつけられる現象を指している。

グローバル化が進展すると、いったい何が起きるのか。国家が経済をコントロールする能力が失われるのだ。税制面では、国際的な資本移動が自由化されると、一国だけで資本に重課する(=重い税を課す)のは難しくなる。企業や資金は、課税を逃れようと簡単に国外に流出できるからだ(資本逃避)。

グローバル化した世界では、租税回避目的の資本の国外流出を妨げる障害は何もない。1980年代以降の金融自由化、国際的な資本移動への規制撤廃により、国境の内外を、企業や資金が何の制約もなく自由に行き来できるようになっている。加えて、1990年代以降のICT（Information and Communication Technology：情報通信技術）の発達が、瞬時に国境を越える資金移動を可能にした。こうした環境では、国家が一定の税収を確保するには、課税すると国外流出しやすい金融資産や企業に代わって、流出しにくい労働や消費などに重い負担を課していくことが必要になる。

こうしてグローバル化は、税制に対して次の3つの大きな変化を引き起こす。第1は、「所得税のフラット化」、第2は、資本への軽課と労働・消費への重課、そして第3は、法人税率の引き下げである。以下、順次みていこう。

第1点目の「所得税のフラット化」とは、累進所得税の最高税率が引き下げられることを意味する。高所得になるほど急峻に上昇していた税率の階段が緩やかな上昇へと変化するため、税率構造が「フラット化」する。図2-1は、1975年から2019年までの40年以上にわたる、主要OECD諸国の所得税最高税率の推移を示している。

ここにはっきり現れているように、所得税の最高限界税率は、1980年から1990年代半ばにかけて大きく低下し、かつては70〜90%もの高率だったものが、現在は40〜60%の範囲に収まるようになっている。これは、所得税による所得再分配機能の喪失を意味する。背景に

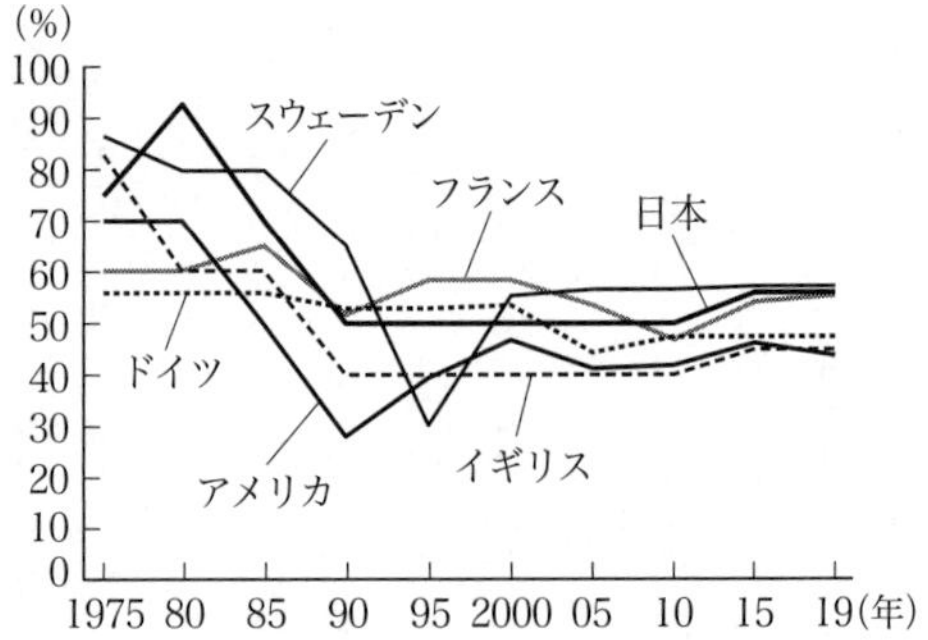

［出所］OECD Tax Database 掲載データより筆者作成.

図 2–1　主要 OECD 諸国における最高所得税率の推移

は、グローバル化やＩＣＴの発達で、所得税できわめて高い最高税率に直面していた富裕層が、税負担を免れるために所得をタックス・ヘイブンなど低課税国に移転しやすくなったという事情がある。各国政府は富裕層に高率で課税しても、所得が自国から国外へ流出してしまうだけなので、次第に彼らに重課することを断念せざるをえなくなっていった。

　この点に関連して、富裕層がいかにしてタックス・ヘイブンを利用して租税回避を行っているか、その実態を定量的に明らかにした興味深い研究がある(Alstadsæter et al. 2019)。この研究は、海外金融機関における最近の大量情報流出事件(ＨＳＢＣに関わる「スイス・リークス事件」、およびパナマで企業設立支援を行っていた法律事務所モサック・フォンセカに関わる「パナマ文書事件」)、そして世界金融危機後の２００８〜09年に、租税回避を行った納税者に対し、課税を免除する代わりに、租税回避行為の詳細について自発的に情報提供を行うよう促した結果、得られたデータを用いている。これらのデータをノルウェー、スウェーデン、デンマークの納税者の所得・資産情報と突き合わせることにより、租税回避の実態分析が可能となった。

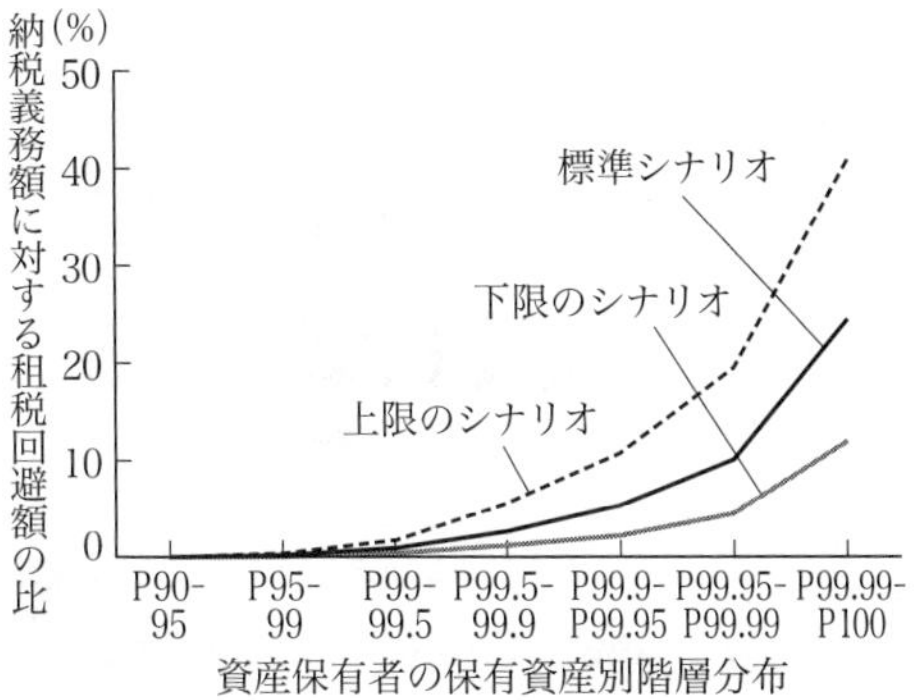

(注)横軸の「P」は，パーセンテージの意．資産保有者を保有資産額で分数して下から積み上げていったとき，「P90」とは階層分布のうち，下から90% 目，上位10% という意味になる．トップは「P100」，「P99.99–P100」は，「上位0.01%」ということになる．

［出所］Alstadsæter et al.(2019), p. 2092, Figure 4.

図 2–2　保有資産分布と海外での租税回避の関係

図2-2は、保有資産階層ごとに、どれだけの租税回避を海外で行っているのかを、納税義務額に対する租税回避額の比で示している。ここから、海外での租税回避の比率は、富の増大とともに累進的に上昇していくことが明らかにされた。標準シナリオの場合、資産保有でみて上位0・01%の階層が、納税すべき額の何と25%もの金額を納税回避している実態が明らかにされた。

グローバル化が税制にもたらした第2の大きな変化は、資本への軽課と労働・消費への重課である。その典型的な事例として、

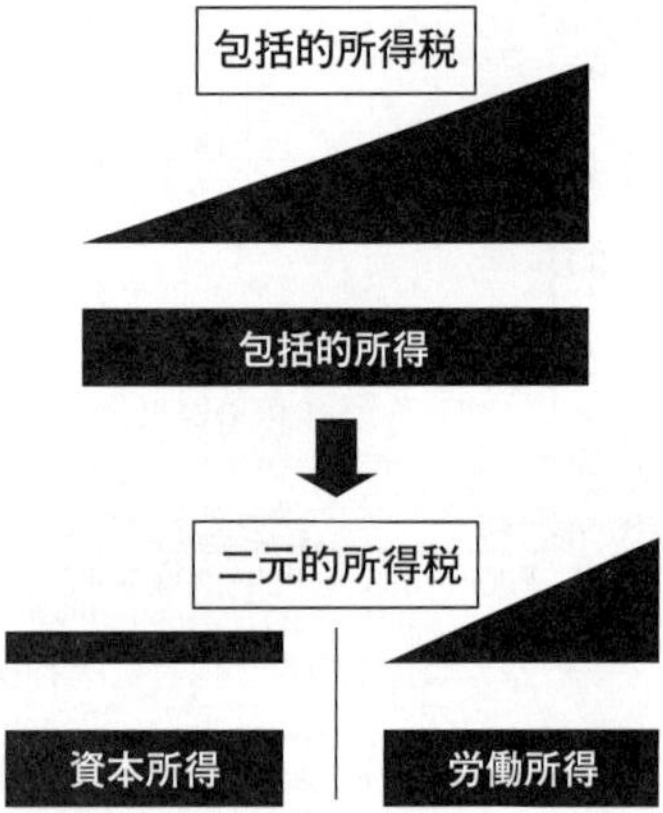

[出所]筆者作成.
図2-3 「二元的所得税」のイメージ（所得に対する税負担の比率）

北欧諸国が１９９０年代初頭に相次いで導入した「二元的所得税」を挙げておこう。これは、労働所得と資本所得（利子、配当、株式等譲渡益）を分けて課税する方式である。それまでの所得税では、あらゆる所得を合算して、それに同一の累進税率を適用していた（これを「包括的所得税」という）。ところが二元的所得税では、労働所得については従来通り累進税率を適用するが、資本所得に関しては、労働所得とは分離して比例税率一本（例えば20％）で課税する所得税体系に移行した（図2-3のイメージ図を参照）。

北欧諸国の「二元的所得税」は、包括的所得税を理念型とした場合、「水平的公平性」と「垂直的公平性」のどちらの観点でみても望ましくない。同一の所得に対して同一の課税を、というのが「水平的公平性」の定義だが、二元的所得税では同一所得でも、資本所得の比率の高い人ほど税負担が小さくなるという不公平が生じる。「垂直的公平性」とは、所得の高い人ほど、より多くの税負担を負うことが公平性にかなうという考え方だ。この点でも、労働所得

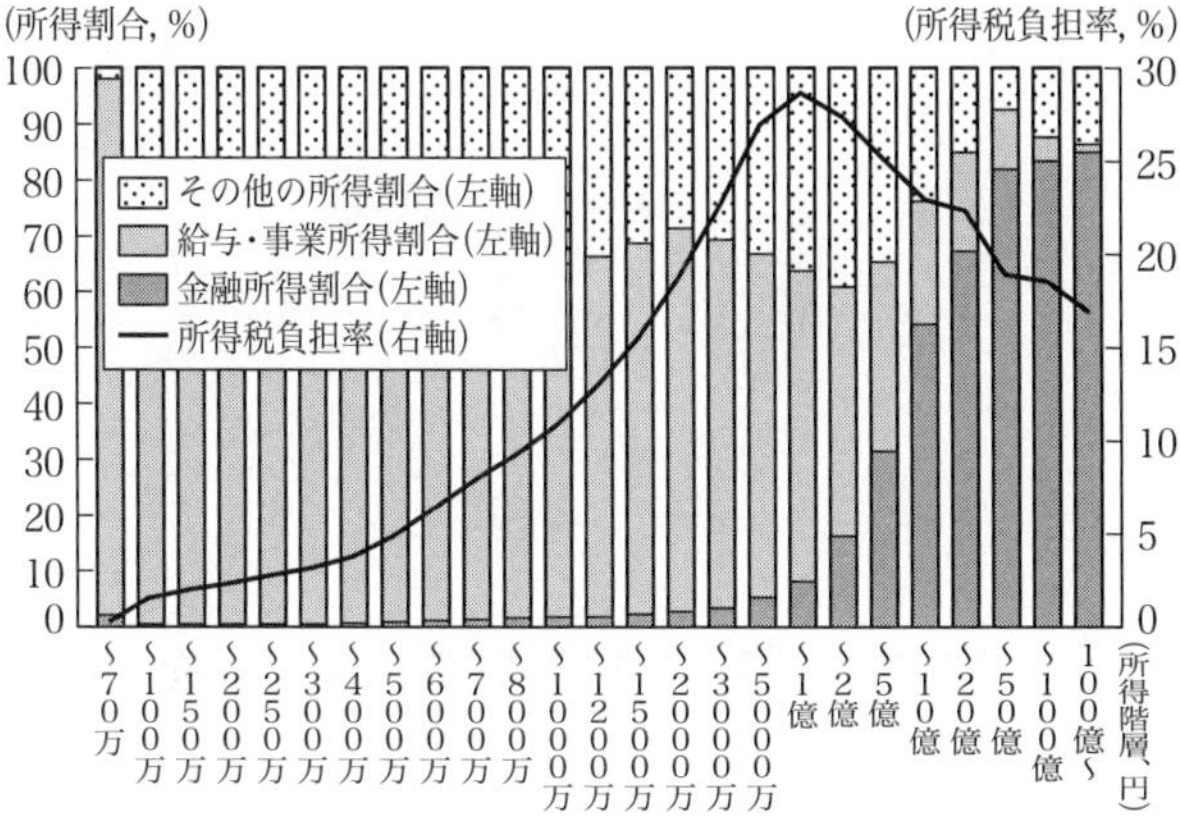

［出所］熊倉・小嶋(2018)，127 頁，図 18.

図 2-4　申告納税者の所得階層別所得内訳と所得税負担率

に関しては累進税制が適用されているものの、資本所得は比例税率でしか課税しない二元的所得税は、「垂直的公平性」を満たさない。

しかし1980年代以降、多くの国々で二元的所得税をモデルとし、資本所得を労働所得から分離して、比例税率一本で課税する改革が行われた。日本も2016年以降、そうした国の1つとなっている。「金融所得一体課税」の名のもとに利子、配当、譲渡益を、労働所得から分離し、20%の比例税率一本で課税するようになったからだ。

この結果が、税制の所得再分配効果に及ぼす影響は甚大である。図2-4が示すように日本の所得税の(平均)税率は、なんと所得1億円でピークを打ち、それ以上の所得階層では所得が高くなるほど所得税負担率が下がる、逆進的な構造となってしまっているからだ(熊倉・小嶋 2018)。

なぜ、こんなことが起きるのか。

鍵は、これまで述べてきた資本所得にある。図2-4の棒グラフで示される「金融所得割合」に注目頂きたい。この割合は、所得が1億円を超えると急速に上昇していく。資本所得に適用される税率は上述のように一律20%なので、所得に占める金融所得の割合が高まれば高まるほど、労働所得に対する累進税率の効果が打ち消され、平均税率が下がっていくのだ。こうして日本の金融所得一体課税もまた、北欧の二元的所得税と同様に、所得税の水平的・垂直的公平性を掘り崩す効果をもっている。

2 「租税競争」の進展と税負担のシフト

グローバル化による税制への影響の第3点目は、法人税率の引き下げである。図2-5は、1979年から2018年までの過去40年間におけるOECD加盟国の法人税率推移を示したものである。ここから明らかなように、法人税率の引き下げはグローバル化と平仄を合わせるように、1980年代初頭にまずアイルランドによって口火が切られ、80年代から90年代を通じて他国が追随、1979年時点で40〜60%付近に集まっていた各国の法人税率は、2018年時点では20〜40%付近へと、大きく下方にシフトした。

背景には、グローバル化で企業が本国での立地にこだわらなくなり、グローバルな観点から最適な立地戦略を立てようとする傾向が顕著になってきたという事情がある。このため、企業活動の流出を恐れる各国政府は、法人税率を引き下げることで国内企業を引き止め、場合によっては他国よりも大幅に法人税率を切り下げることで海外企業を積極的に引き寄せようとしてきた。これを、「租税競争(tax competition)」という。

グローバル化を背景として「租税競争」が激化すれば、税負担のシフトが起き、税制全体としてより逆進的な負担構造となるだろう。金融所得や法人利潤など移動性の高い税源は、課税されるとそれを逃れるために税負担の軽い国へと容易に移動できる。これに対して労働や、市民の生活と密接な関係をもつ消費、それから物理的に移動困難な土地や不動産は、課税されたからといって簡単に国境を越えて移動することができない。したがって税負担は、移動性の高い税源(利潤、金融所得)から移動性の低い税源(労働所得、消費、土地・不動産など)へとシフトしていく。

グローバル化した世界における税収確保という国家的視点に立てば、税負担を、移動性の高

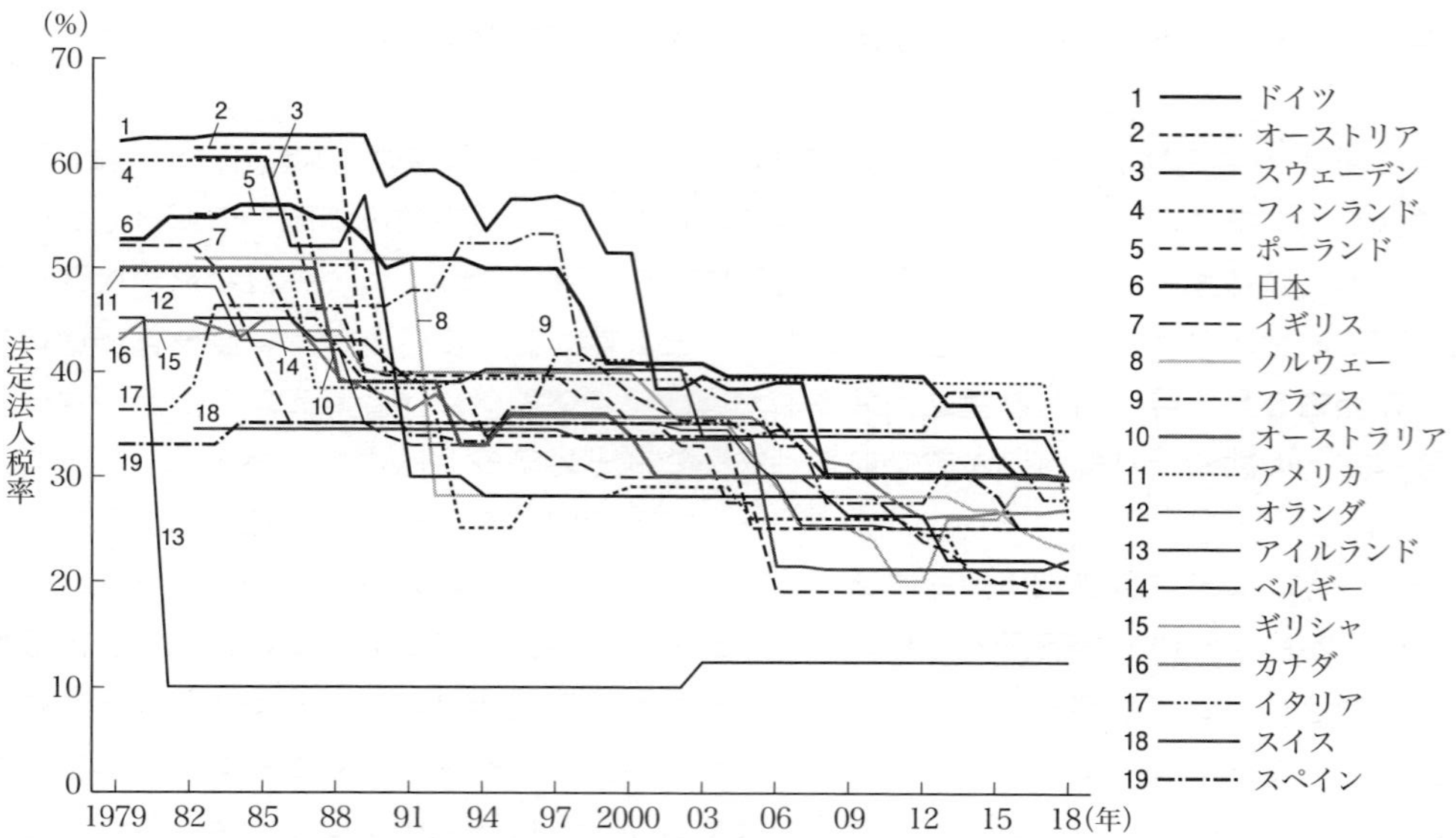

[出所]The Institute for Fiscal Studies, Fiscal Facts/Tax Tables および OECD Revenue Statistics 掲載データより筆者作成.

図 2-5　各国法人税率の推移(1979–2018 年)

い税源から移動性の低い税源へシフトすべきだというのが、経済理論の命題となる(ラムゼイ・ルール)。しかし、前者の所得は主として高所得者層に帰属するのに対し、後者の所得は主として低所得者層に帰属する。ゆえに、前者から後者への税負担のシフトは、税制全体として逆進的な帰結をもたらすのだ。

3　不公平性を強める税制

実際に、グローバル化を背景として、税制は本当に逆進性を強めているのだろうか。この点で、もっとも詳細な研究が行われている対象が、アメリカ税制である。これらの研究からは、まさに税負担が資本から労働にシフトしており、結果として逆進性が強まっているとの結果が引き出されている。以下、順次みていくことにしよう。

サエズとズックマンの研究によれば、資本所得に対する税負担率と、労働所得に対する税負担率の逆転が２０１８年に起きたという(Saez and Zucman 2019)。図2-6は、１９１５年以来の連邦、州、そして市町村レベルすべての税負担を考慮に入れた、資本と労働に対する税負担率の推移を示している。１９７０年代半ば頃まで、資本所得に対する税負担率は労働所得への税

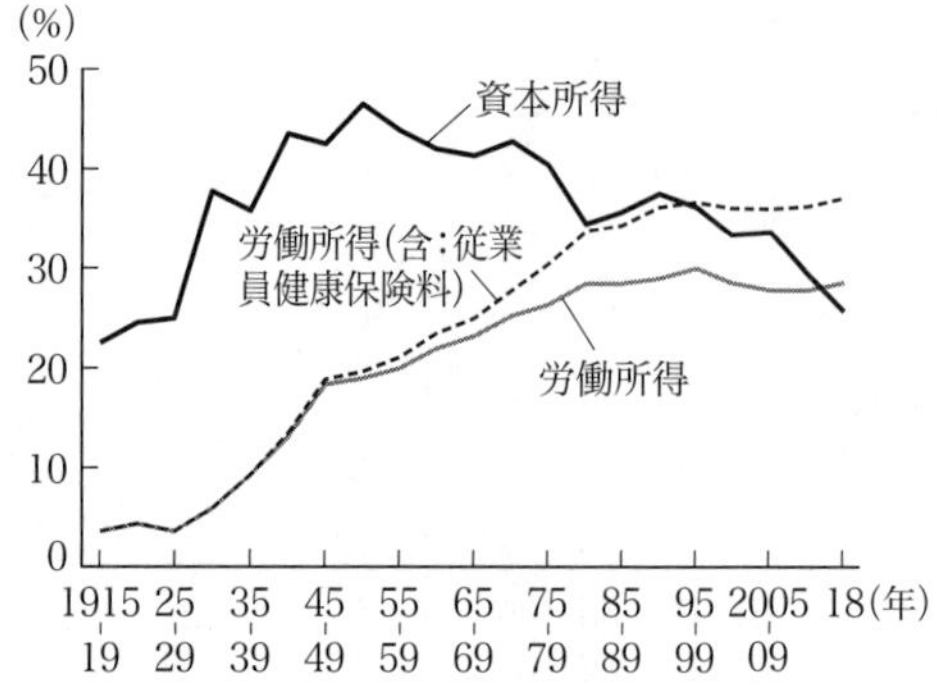

［出所］Saez and Zucman (2019), p. 96, Figure 5. 2.

図2-6　資本から労働への税負担シフト

負担率よりも随分と高い水準にあった。だが資本所得に対する税負担率は1950年代をピークに長期低落傾向に入り、さらに1990年代以降今日に至るまで下げ足を速めている。

これに対して労働所得に対する税負担率は、近年横ばいであるものの、1990年代前半までは一貫して増加してきた。もしこれに、従業員健康保険料負担（実質的に労働への課税に等しい）を上乗せした場合、図2-6に示されるように、資本所得課税の税負担率と労働所得課税の税負担率逆転は、すでに1990年代後半に起きていたことになる。

労働所得への重課という現象は、アメリカ税制に関するピケティらの研究によっても確かめられている。図2-7は個人所得、年金、資産、法人利潤、売上に関するあらゆる税金のデータを、連邦、州、基礎自治体とすべてのレベルの政府に関して入力することでえられたものだ。この図は、所得

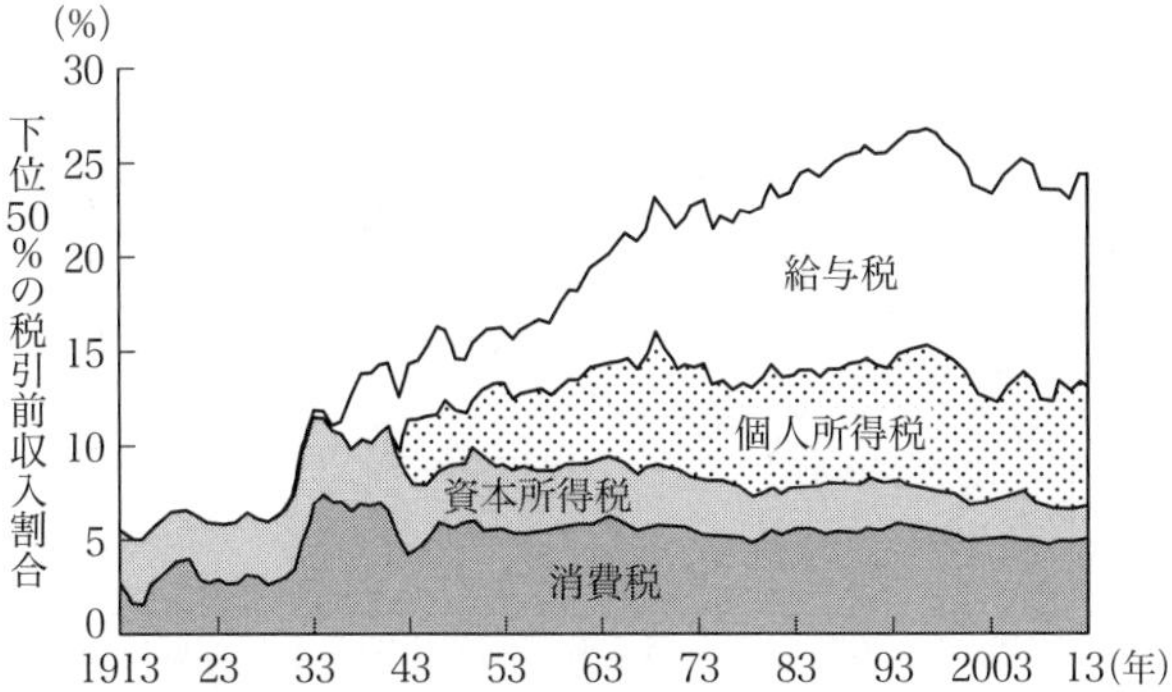

［出所］Piketty et al.(2018), p. 599, Figure IV.

図 2–7　下位 50％ による税負担の推移

階層の下位50％がどのような税負担を負ってきたかを、過去100年間にわたって示している。

この図が示すように、資本所得税の税負担率が減少する一方で、個人所得税や社会保障を賄う給与税の税負担率が顕著に増大し、労働に対する税負担が一貫して重くなってきていることが分かる。

こうした変化が進行した結果、ピケティらはアメリカ税制において税負担の高所得者から低所得者へのシフトが生じていることを明らかにした。図2−8は、各所得階層別の平均税率の推移を示している。

これによれば、1950年代の所得階層上位1％の平均税率は40〜45％だったのに対し、下位50％の所得層の税率は15〜20％であった。つまり、上位1％の税率は、下位50％の税率の2〜3倍にも上っていた。ところがその後、両者の平均税率の差は狭まっ

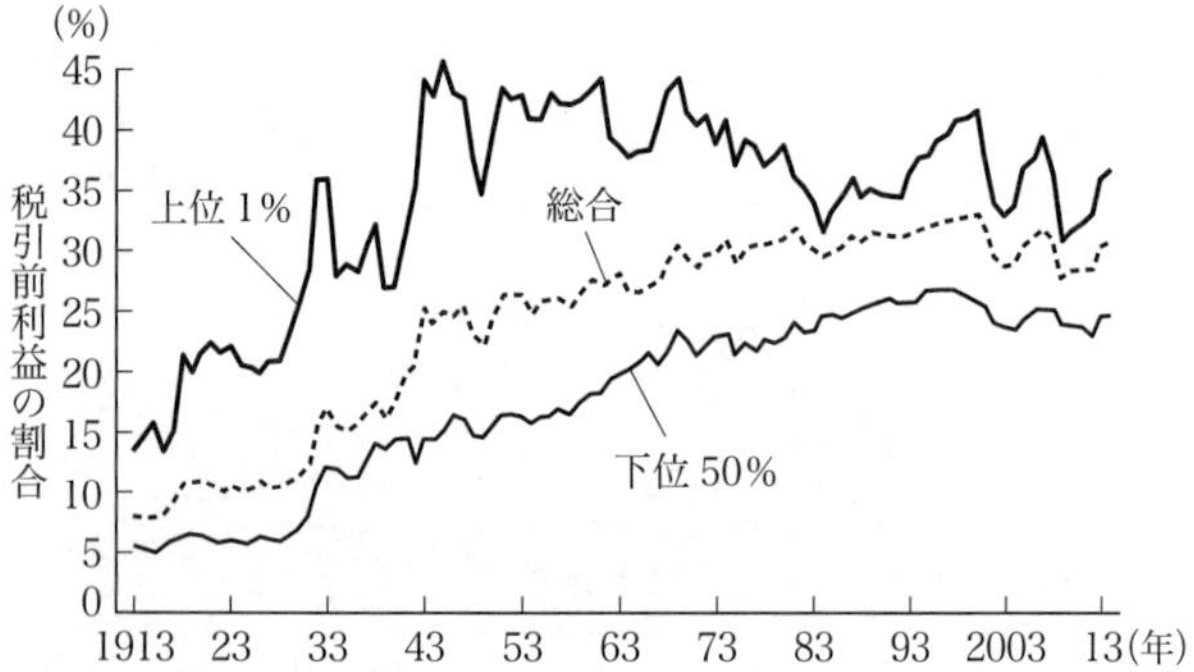

［出所］Piketty et al. (2018), p. 599, Figure IV.

図 2-8　所得階層ごとの平均税率の推移

た。2000年代以降、上位1%の税率は30〜40%と1950年代よりも低下する一方、逆に下位50%の税率は25%前後と1950年代よりも増大した。アメリカ税制の負担構造は、この間に累進性を減退させたのだ。

税負担のシフトは、資本から労働へと行われるだけでなく、所得から消費へも行われてきた。図2-9は、主要税目の税収がOECD諸国の総税収に占める比率の推移を示したものである。ここから見て取れるのは、グローバル化の進展する1980年代以降、所得税の比率が低下する一方で、付加価値税と社会保険料収入の比率が伸びていることである。付加価値税とはすなわち消費への課税であり、社会保険料収入とはすなわち、労働への課税である。ここから、OECD諸国において税負担の所得から労働・消費へのシフトが実際に生じたことが分かる。

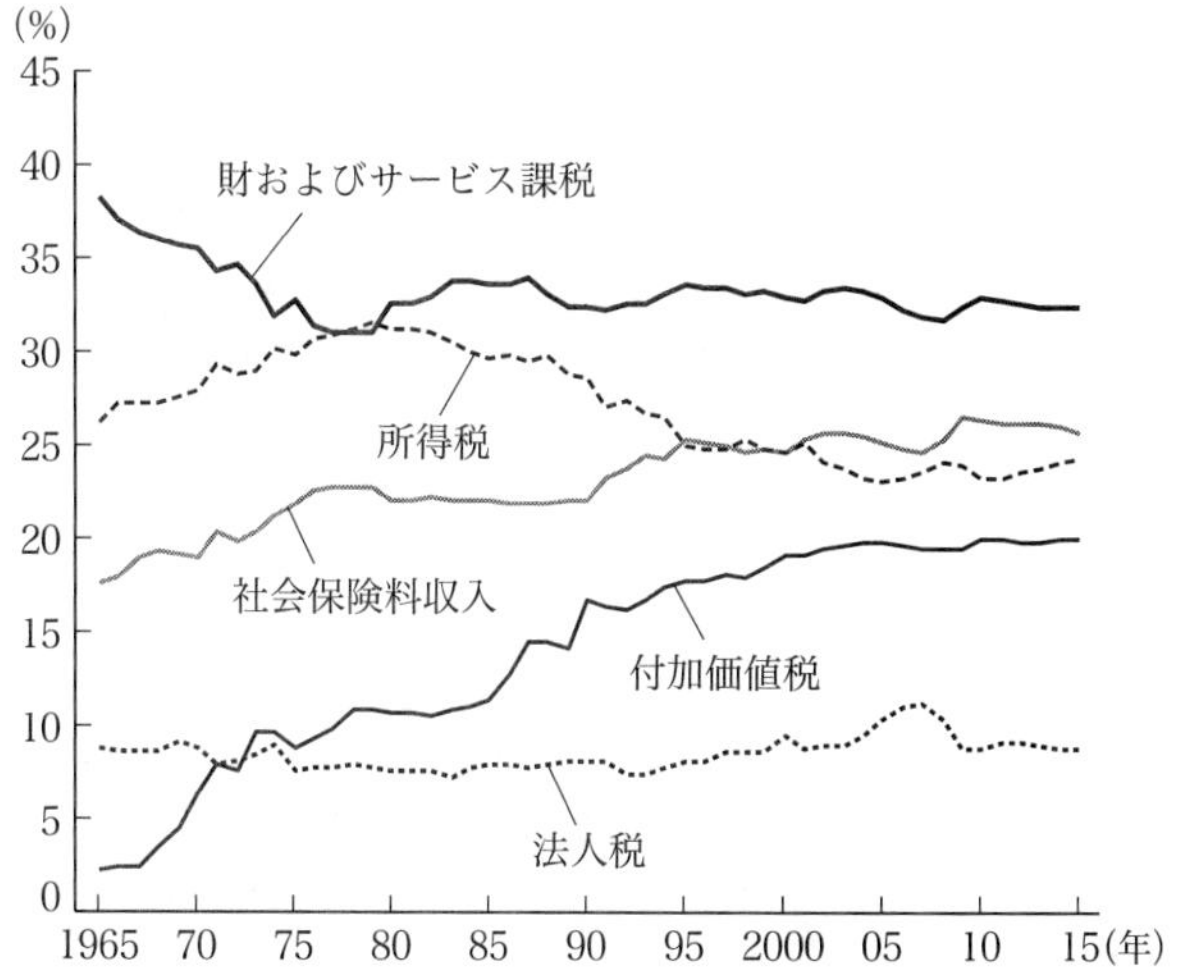

［出所］OECD Tax Database 掲載データより筆者作成．

図 2-9　税負担は所得から消費へ

以上、本章を通じてみてきたように、経済のグローバル化は戦後形成されてきた税制の姿を大きく変えた。累進税制をともなう包括的所得税を通じて豊かな税収を上げ、所得再分配を通じて平等な社会の形成に寄与してきた税制の理想像は、遠い過去のものとなった。各国の税制はグローバル化によって租税競争の渦に巻き込まれ、所得税のフラット化、資本所得の分離課税、そして法人税率の引き下げを余儀なくされた。結果として税負担は、移動しやすい資本所得から移動しにくい労働・消費へとシフトし、租税構造は以前よりも逆進的となってしまった。

こうした税制の変化で利益を受けたのは、

富裕層と企業である。

ところが、多国籍企業は単に受動的に税制の変化から利益を受けるだけでなく、グローバル化が開いた機会を積極的に活用して、さらなる税負担の削減に取り組んでいった。「攻撃的」(“aggressive” tax planning)とまで称されるその租税回避への姿勢は、各国政府に莫大な金額の税収損失を負わせるとともに、競争条件の公平性を掘り崩し始めた。

経済のグローバル化に加えて、そのデジタル化が鮮明になったことで、多国籍企業による租税回避行動はいよいよ激化し、2010年代には国際的な大問題に発展した。次の第3章では、多国籍企業の行動を明らかにするとともに、第4～6章では、それに対して国際社会がどのように対抗していこうとしたかを見ていくことにしたい。

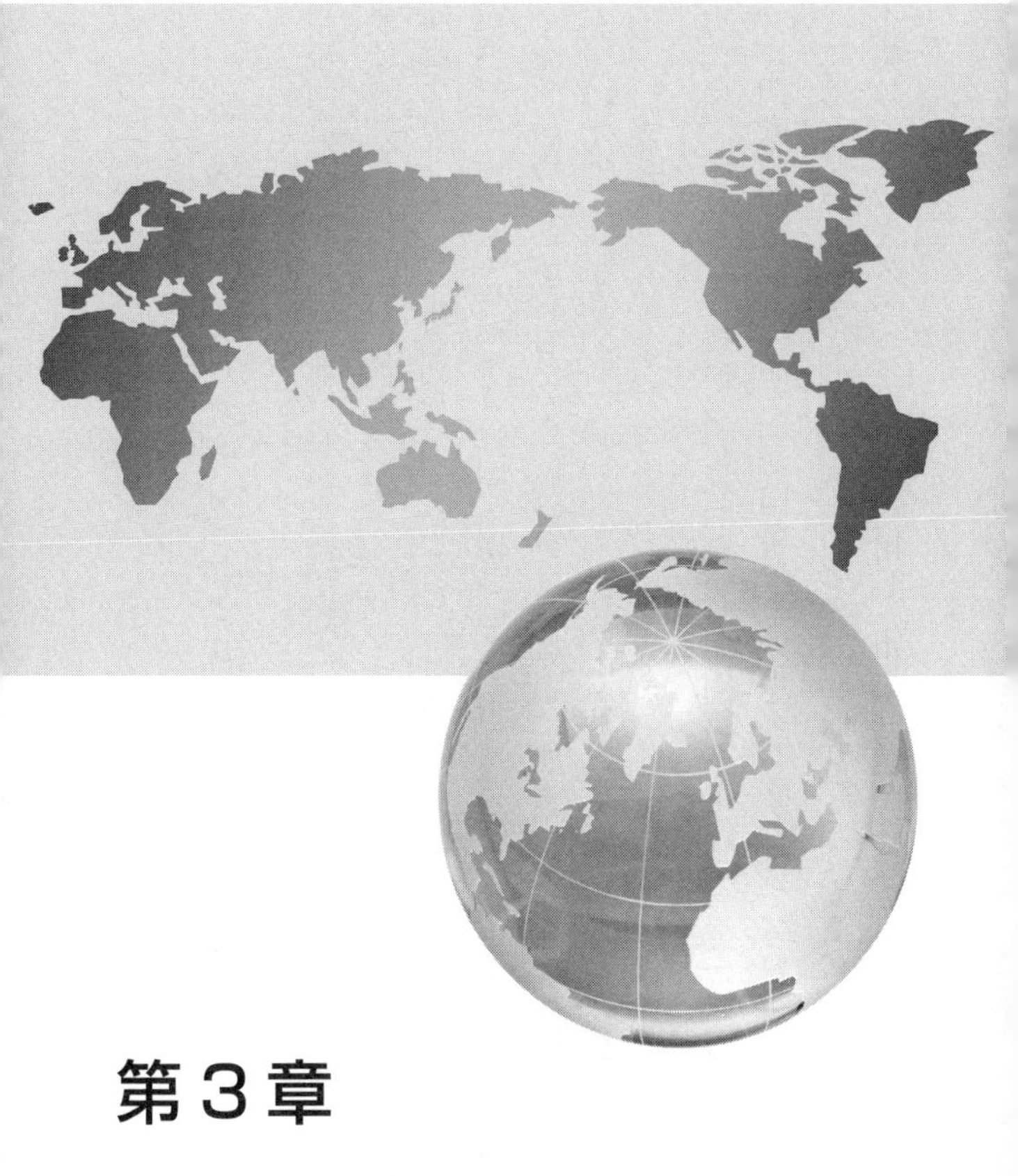

第３章

立ちはだかる
多国籍企業の壁

1　タックス・ヘイブンへ持ち出される所得と富

租税回避とは、意図的に、しかし合法的に行われる税負担の回避行為を意味する。多国籍企業による租税回避に特徴的なのが、「タックス・ヘイブン(租税回避地)」の利用である。タックス・ヘイブンとは、企業や個人が税金を「合法的」に回避するために利用する、低課税の(税率が低いか、課税ベースが小さい)国・地域のことだ。英国海峡のチャンネル諸島や、カリブ海のケイマン諸島などが有名だが、いまでは世界中に拡大、先進国においてすら立派なタックス・ヘイブンが存在する(スイス、アイルランド、ルクセンブルク、そしてある程度においてオランダなども)。

現代は、途方もない規模の租税回避が、多国籍企業によって合法的に行われている時代である。専門家の間ではもはや、「多国籍企業は租税回避を行っているか否か」が問題なのではなく、「どれほどの規模の租税回避が行われているか」こそが真の問題だと言われている。多国籍企業は、タックス・ヘイブンを利用した租税回避を「後ろめたい行為」ではなく、市場競争に勝ち抜き、投資家に報いるために、合法性に裏打ちされた「当然の権利」とすら認識している可能性がある。

国家は、多国籍企業が生み出す所得・富を追いかけて捕まえようとするが、結局、主権国家として国境の壁を越えられず、往々にして断念に追い込まれる。これに対して多国籍企業は世界を自由に動き回って、自分たちにとって最も有利な条件を差し出してくれる国・地域を選ぶことができる。これでは、最初から勝負はあったも同然であろう。

2　租税回避のメカニズム

彼らはいったい、どのようにして租税を回避するのか。その原理は至ってシンプルだ。図3-1をご覧頂きたい。高課税国Aと低課税国Bがあるとすれば、多国籍企業は可能な限り、利益をAからBに移す。高課税国ではなるべく課税されないようにし、どうしても避けられない課税は低課税国で負担する。こうすることで多国籍企業は、世界全体で自らの税負担を最小化できる。A国とは、法人税率が相対的に高い先進各国を念頭に置いている。逆にB国は、法人税率が極端に低いタックス・ヘイブンを想定している。

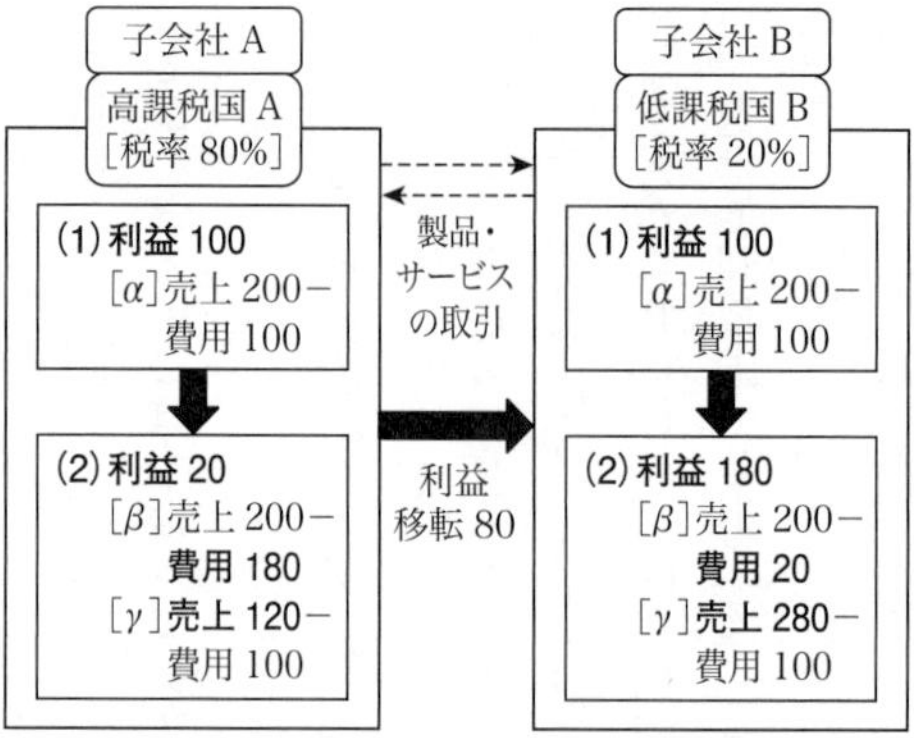

この多国籍企業のグローバル法人税負担

算式(1)：80[A国利益100×A国税率80%]+20[B国利益100×B国税率20%]=100

算式(2)：16[A国利益20×A国税率80%]+36[B国利益180×B国税率20%]=52

[出所]筆者作成.

図3-1　多国籍企業の利益移転による租税回避メカニズム

このことを、数値例を用いてもう少し具体的に説明しよう。話を分かりやすくするためにあえて極端な数値設定を採用する。図3-1に示されているように、左側の高課税国Aでは法人税率が80%、右側の低課税国Bでは税率が20%となっている。ある多国籍企業は、これらA国とB国それぞれに子会社を持っているとしよう。この両子会社は同じ多国籍企業グループとして、その製品・サービスをお互い取引している。

図に示されているように、子会社A、子会社B、それぞれが(1)利益100(=[α]売上200−費用100)を上げ、この多国籍企業は世界全体で利益200となっている。このとき、多国籍企業が世界全体で負担する法人税はいくらになるのだろうか。それは、図3-1の下段の算式

（１）で示されているように、Ａ国とＢ国それぞれの利益に各国の税率を掛け合わせて算出された合計額１００となる。この多国籍企業は、高課税国Ａで80を支払い、低課税国Ｂでは20を支払う。

だがこの多国籍企業にとって、高課税国Ａでの税負担80が重く感じられ、この負担を何とか削減できないか、と考えるようになる。これを実現するには、Ａ国の利益をＢ国に移転することで、Ａ国への納税額を抑制すればよい。そこで図３−１に示されているように、Ａ国からＢ国へ利益80を移転する（移転後の利益は、（２）Ａ国が20、Ｂ国が１８０）。このとき、多国籍企業のグローバル利益は依然として２００であり、（１）の状況と変わりはない。

では、税負担はどう変化するのだろうか。図の下段の算式（２）にあるように、この多国籍企業のグローバル法人税負担は52、なんとほぼ半減となる。これは、Ａ国での納税額を80から16へと劇的に削減したことが大きく寄与している。逆に、Ｂ国では納税額が20から36に増加しているだけだ。だがＢ国での負担増16をはるかに上回るＡ国での負担減64が効いて、グローバル法人税負担の純減48（＝Δ16−Δ64）となっている。

この結果、両子会社を合算してえられる多国籍企業全体の税引後グローバル利益は、（１）１００（グローバル利益200−グローバル法人税負担100）から（２）１４８（グローバル利益200−グローバル法人税負担52）へと、48％も著増する。（1）と（2）では、グローバル売上は400、グローバル利益は200と、その経済活動の内実はまったく変化していない。にもかかわらず、利益移転による租税回避を行っただけで、税引後グローバル利益を48％も引き上げることが可能になる。だがこれは、企業の製品・サービスの魅力が向上したからではなく、国家の税収を犠牲にして得られた利益だという点、銘記される必要がある。

方法はどうであれ利益の著増を、多国籍企業の株主が喜ばないわけがない。企業経営陣の使命が株主価値の最大化にあるならば、租税回避（彼らからすれば合法的な「節税」）を極限まで推し進めることは、株主に忠実な経営陣の当然の使命だというのが彼らの見解である。そしてこれが、多国籍企業の行動原理の現実なのである。そこには残念ながら、公平課税の実践を自ら引き受ける納税倫理もなければ、「納税を通じて国家を支える」という矜持のかけらも見出せない。

こうした「節税」の追求は、多国籍企業にとって果たして「権利」と言っていいのだろうか。たしかに合法的である限り、権利なのかもしれない。だが、少なくとも公平とは言えない。なぜなら、同じ利益を上げていても、A国にしか拠点をもっていない国内企業と、A国にもB国にも拠点をもっている多国籍企業では税負担が異なってくるからだ。租税回避は、タックス・

ヘイブンを含む低課税国に拠点をもつ多国籍企業だからこそ、可能になる。こうした租税回避手段をもたない国内企業は、多国籍企業との競争において不利になる。こうした状況が続けば、多国籍企業による独占・寡占化傾向に拍車がかかり、公正な市場競争は絵に描いた餅になる。

3　利益移転のカラクリ

ところで多国籍企業は、A国からB国への利益移転80を、実際にどのように実行するのか。図3-1の子会社AからBへの矢印で描かれているように、利益80が直接、送金されるのだろうか。実のところ彼らは、そんな野暮なことはしない。80もの金額をまとめてタックス・ヘイブン国Bに送金すれば、明らかに租税回避目的だとA国政府にみなされ、A国税制(日本の場合は「タックス・ヘイブン対策税制(外国子会社合算税制)」、アメリカの場合は米国内国歳入法第951条から第954条に規定されている「サブパートF条項」)の下で課税されてしまうからだ。

こうした事態を回避するには、子会社Aと子会社Bが通常の市場取引を行う結果として、自然に子会社Bへと利益が移っていくよう装うことが望ましい。それには2つの方法がある。第1は、子会社Aと子会社Bのグループ企業間取引の結果として、子会社Bから子会社Aに費用を移転させる操作を行うことである（図3－1の［β］）。例えば、AがBから非常に高価な原材料を購入して生産を行ったり、AがBから大規模な借金を行ってその利払い費用を負担したりする手法などが考えられる。図3－1ではこうした取引の結果、子会社Aの費用が100から180に急増し、結果として利益がわずか20に激減する。逆に、子会社Bの費用は100から20に急減する結果、その利益は100から180に激増する。

第2の手法は、AとBの取引の結果として、売上をAからBに移転させる操作を行うことである（図3－1の［γ］）。次節で詳細に説明するが、知的財産やブランドなどの「無形資産」を利用する方法が典型的だ。具体的には、子会社Aから子会社Bに知的財産をいったん移す。そのうえで、子会社Aは子会社Bの保有する知的財産を利用することで顧客にサービスを提供するビジネスを展開する。子会社Aはその対価として、子会社Bに特許料を支払う。無形資産の価値が高ければ高いほど、特許料も高くなり、子会社Bの売上もその分だけ増えることになる。逆に、無形資産を失った子会社Aの売上は減少する。

以上の取引の結果、両企業とも費用は100で変化がないのに、子会社Aの売上は200から120に減少し、結果として利益はわずか20に激減する。他方、子会社Bの売上は200から280に急増し、結果として利益は100から180へと大幅に増加する。こうして、タックス・ヘイブンへと所得と富が持ち出されてしまうのだ。

以上みてきたように、多国籍企業の強みは、その拠点が高課税国からタックス・ヘイブンまでカバーしていることを利用して、子会社間取引を通じて利益移転を実現できる点にある。もちろん、こうした操作を簡単に許すほど各国政府は甘くない。第4章で詳細に説明する「移転価格税制」を用いて、多国籍企業グループ間の取引が、市場価格とかけ離れた価格で実行され、結果的に高課税国からタックス・ヘイブンに所得と富を流出させる道具になっていないか、監視・規制しようとしている。だが、それは時代とともに困難になりつつある。その最大の要因が、「無形資産」の台頭である。この点を次節でより詳しくみることにしよう。

4　無形資産――租税回避という錬金術を可能にするもの

無形資産の活用

たしかに、多国籍企業がグループ子会社間取引を通じて、利益を高課税国から低課税国に移す操作ができないよう、移転価格税制が用いられている。これは例えば、子会社Aが子会社Bから法外に高い原材料を購入する対価として、AからBへの莫大な費用が支払われる形を装って利益移転が行われるのを規制するものである。これが利益移転か否かを判定する基準として、課税当局は、取引されている財・サービスの市場価格情報を使う。

つまり、あたかもその財・サービスが、無関係な第三者との市場取引を想定した場合に適用される価格を、多国籍企業グループ企業間の取引に適用する。もし、その取引を通じて法外な利益移転が行われているならば、グループ企業間の取引価格は、市場価格から大きく乖離しているはずである。こうして利益移転が炙り出されれば、課税局はそれに対して課税処分を行うことができる。

だが、移転価格税制が有効に機能するのは、参照すべき市場価格情報が存在する場合だけである。知的財産やブランドなどの無形資産は、(1)工業製品などとは異なって、大量の規格品が生産され、広く市場で取引されるわけではない、(2)それを保有する企業と強く結びついて固有の価値を発揮することが多く、市場で価値をつけがたい、などの理由から、そもそも無形資産に移転価格を適用するのが困難だ。このため経済がデジタル化し、無形資産が収益を生み出す中核的な資本として機能するようになると、移転価格税制の有効性は低下することになった。

では具体的に、無形資産(ここでは知的財産)をどのようにして租税回避に用いるのだろうか。

図3-2は、その仕組みを簡略化して示したものである。この多国籍企業は、日本に本社を置き、アメリカ市場向けに製品・サービスを製造・販売する子会社をもっている他、タックス・ヘイブンに実体のない資産保有会社をもっている。まず、日本の本社で実施された研究開発で生み出された知的財産を、何らかの方法でタックス・ヘイブンの資産管理会社に移す。この資産保有会社は、アメリカ子会社に対してその知的財産を利用して製品・サービスを製造・販売する許諾を与える対価として、彼らから特許料を受け取るという仕組みを次に構築する。

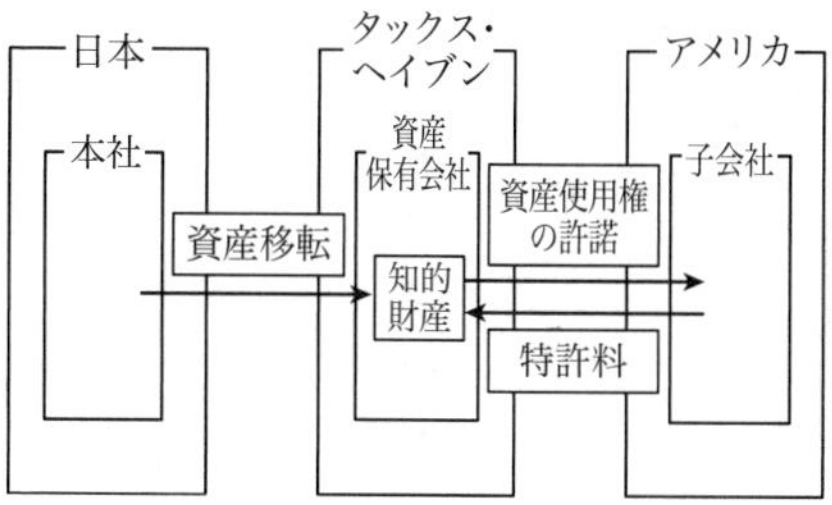

［出所］筆者作成.

図3-2　タックス・ヘイブンの仕組み

　こうしておけば、アメリカ市場で稼いだ利益は、特許料という形でタックス・ヘイブンに集積する。だがそこでは収益に課税はなされないか、仮に課税されたとしてもほんの僅かである。極端な場合、アメリカ子会社の利益はゼロとなり、タックス・ヘイブンに集積された利益を日本本社に配当の形で還流させず、タックス・ヘイブンにある資産保有会社で蓄積し続ける限り、本国である日本政府の課税も免れることができる。こうしてこの多国籍企業は、グローバル法人税負担をほとんどゼロにすることができる。

この仕組みの着目点は、2点ある。第1は、日本からタックス・ヘイブンへの無形資産の移転である。移転といっても、これは日本本社と資産保有会社の正当な経済取引なので、資産保有会社は、日本本社に対して正当な価格を支払って無形資産を購入するはずである。その価格付けの基礎は、将来にわたってこの資産がもたらすであろう年々の収益の割引現在価値となるのが自然だ。だがこれでは、資産保有会社が日本本社から無形資産を購入する金額と、資産保有会社がアメリカ子会社から将来にわたって受け取る特許料収入の合計額が釣り合ってしまい、タックス・ヘイブンに富を集積できない。それを可能にするには、日本本社が無形資産を無償譲渡するか、きわめて安い価格で資産保有会社に売却することが必須になる。そしてこれこそが、現実に行われていることなのだ。

第2の着目点は、アメリカ子会社が資産保有会社に支払う特許料の水準である。これが正当な経済的価値を超えて高く設定されるなどして、アメリカからタックス・ヘイブンへの実質的な利益移転の役割を果たしているのか否か、これが問題となる。

無形資産を利用した租税回避を防止するのがきわめて困難なのは、上記第1、第2の着目点とも、誰もが納得する客観的な価格付けを行うのが難しい点にある。その原因は上述したように、無形資産の経済的価値評価の困難さに由来する(この点は第6章で再度、詳しく検討する)。

多国籍企業による租税回避がその規模でみて一層深刻化したのは、経済のグローバル化に加えて、2000年代以降にデジタル化が加速化し、ビジネスの中核に無形資産が据えられるようになって以降である。実際、無形資産を活用した租税回避は、いまや多国籍企業の常套手段となっている。デジタル企業の代表的存在であるGAFA(グーグル、アマゾン、フェイスブック、アップル)をはじめとするアメリカの多国籍企業は、無形資産を活用した租税回避の巧みな仕組みを開発する代表的存在でもある。以下、グーグルとスターバックスの事例を紹介することにしよう。

グーグルの租税回避スキーム

グーグルは、公開株式企業として登記される2004年8月の前年の2003年、その検索・広告技術をアイルランドに立地する子会社「グーグル・ホールディングス」に売却した(無形資産の低課税国への売却の典型例!)。この子会社は、バミューダに立地する資産管理会社によって管理されているため、アイルランドの税法上はバミューダ法人と規定されている点に特徴がある。図3-2でいえば、真ん中のタックス・ヘイブンに立地する資産保有会社が、バミューダに立地する資産管理会社に相当する。ちなみに、バミューダの法人税率はゼロである。

グーグルは、子会社への技術売却で対価を得たはずだが、その金額はわずかでしかなかった。もし、その金額が大きなものであれば、２００３年に巨額の法人税を納めたはずだが、証券取引委員会の２００４年の記録によれば、グーグルは全世界で2億４１００万ドルの納税しか行っていない。それ以降、数百億ドルの利益を生み出している技術の価値が当時、わずか7億ドルと評価されていたことを意味する(Saez and Zucman 2019)。

実際、わずか1年でバミューダに立地する子会社グーグル・ホールディングスは２２７億ドルもの利益を上げた。なぜなら、同子会社はグーグルのもっとも価値ある技術の法的な所有者となっていたからだ。アイルランドのグーグル・ホールディングスは、その特許使用権を欧州中のグーグル子会社に供与している。そしてドイツやフランスに立地するグーグル子会社は毎年、何十億ドルもの特許使用料をグーグル・ホールディングスに支払うことで、ドイツやフランスからアイルランド経由でバミューダに所得を流出させ、租税回避を行っているのだ。

スターバックスの租税回避スキーム

スターバックスは１９９８年以降、イギリスで事業を展開している。２０１２年10月にロイターは、その英国現地法人が15年間の事業期間のうち14年間は損失を計上し、イギリスでは法人税をほとんど納めていないことを報じて衝撃が走った。実際に、２０１１年10月2日で終わる財政年度において、現地法人は約4億ポンドの売上、7億８５４０万ポンドの粗利潤、２８８０万ポンドの営業損失、そして３２９０万ポンドの税引前営業純損失を計上していたのである。ところが現地法人は、英国のコーヒー小売市場で31％もの市場占有率を誇り、株主への報告でも英国事業の堅調な収益性を示唆していたのだ。このギャップは一体、どのように理解すればよいのか。

ロイターによれば、スターバックス英国現地法人は、次の３つのグループ企業間取引を通じて莫大な金額をイギリス国外のグループ企業に移転していたという。それは、(1)オランダ子会社への特許料の支払い、(2)オランダおよびスイス子会社からコーヒー買い付けに対して一定の利幅を上乗せしての支払い、(3)アメリカの親会社からの借入金に対する利払費、である。このうち、(1)と(2)については、流出先できわめて低い税率でしか課税されない。これら3つのルートを通じてイギリスから資金が外部へ流出する構造となっており、それが14年間にわたって現地法人が損失を出し続けたことの背景理由である(Kleinbard 2016)。

(1)の特許料支払いとは、具体的にはスターバックス本社のブランドと商標を使用し、環境的・社会的配慮に基づいて選び抜かれた最高品質のアラビカコーヒーを使用し、さらに、スターバックス本社による店舗運営、ビジネスモデル、そして店舗デザインコンセプトを使用する権利への対価を指す。これら全体がまさに、無形資産を構成する。

スターバックスは、アメリカ議会の下院歳入委員会に対して、その研究開発部門は本社のあるシアトルに立地しており、海外子会社の役割はその「現地化」に留められていることを示唆している。だとすると、オランダ子会社はそれほど大きな役割を果たしていないことになるが、そうであればなぜ、英国現地法人はアメリカ本社ではなく、オランダ子会社に顕著な特許料を支払うのか。事業の重要性の観点からは、この支払いの経済合理性を説明することはできない。租税回避目的の利益移転が、その真の理由だと推測できる理由がここにある。

5　どれほどの規模の租税回避が行われているのか

多国籍企業によるタックス・ヘイブンを活用した租税回避をめぐっては、これまで研究者、ジャーナリスト、実務家による個別ケースに関する事例研究が多かった（志賀 2013; 2014; 2015; シャクソン 2012; パランほか 2013; マーフィー 2017; 森信 2019）。これらのケースは前節のグーグル、スターバックス事例のように租税回避の仕組みを明らかにすることに貢献したが、他方で、誰が、どれほどの規模で租税回避を行っているのかという点については、十分な定量評価が行われてきたとは言い難かった。これは、多国籍企業内部で用いられる移転価格や比較可能な独立企業間価格(arm's length price：第6章で詳述)に関するデータ入手が困難だったことによる。ところが近年、こうしたデータの入手が可能になったことによって、租税回避の定量分析が可能となり、その包括的な実態が明らかにされるようになった。

１９９９年におけるフランス製造業企業の独立企業間価格と企業内取引価格に関する部門横断的な詳細情報を用いた推計結果は、同国の多国籍企業が10か所のタックス・ヘイブンに利益移転したことで引き起こされた税収損失額が、フランス法人税収総額の約１％に上ることを明らかにしている。また、これら10か所のタックス・ヘイブンとの多国籍企業内部取引のうち、90％以上が４５０社の多国籍企業に集中しているという(Davies et al. 2018)。

また、イギリス歳入関税庁が保有する法人税納税申告書の非公開情報を用いた研究では、多国籍企業と国内企業を比較し、その課税対象利益の規模に体系的な相違があるか否かを検証している。それによれば、総資産に対する課税対象利益の占める比率は、多国籍企業の海外子会社が比較可能な規模の国内企業(同比率が25・２％と申告)を12・８％も下回っていることが判明したという。もしこの差のすべてが租税回避に由来すると仮定するならば、多国籍企業はイギリスにおける課税対象利益のなんと半分以上について租税回避していることになる。多国籍企業と国内企業で課税対象利益に大きな違いが生まれる主要因は、多国籍企業の海外子会社がきわめて高い比率でほぼゼロの課税対象利益を申告(多国籍企業は海外子会社を通じてタックス・ヘイブンを活用した租税回避の機会を十分に利用できるため、課税対象となるべき申告利益がほとんど発生しないことを意味する)している点にある(課税利益ゼロを申告した企業の割合は国内企業の28・6%に対して、多国籍企業子会社は61・1%を記録)。ここから、多国籍企業がきわめて攻撃的なタックス・プランニングを行っていることが読み取れる(Habu 2017)。

多国籍企業の租税回避に関する近年のもっとも重要な研究は、トルスロフ、ワイアおよびズックマンによって行われた定量分析であろう(Tørsløv et al. 2018)。以下、彼らの研究結果に基づいて租税回避の実態を確認することにしよう。

まず彼らは、多国籍企業の利益計上の不自然な実態を明らかにしている。図3-3は、各国それぞれ外国企業と国内企業の収益性を比較したものである。横軸には左方にタックス・ヘイブン国、右側に先進国が並べられている。明らかに、タックス・ヘイブンの外国企業(=多国籍企業)はその国の国内企業よりも収益性が不自然なほど顕著に高い。ところが先進国では、

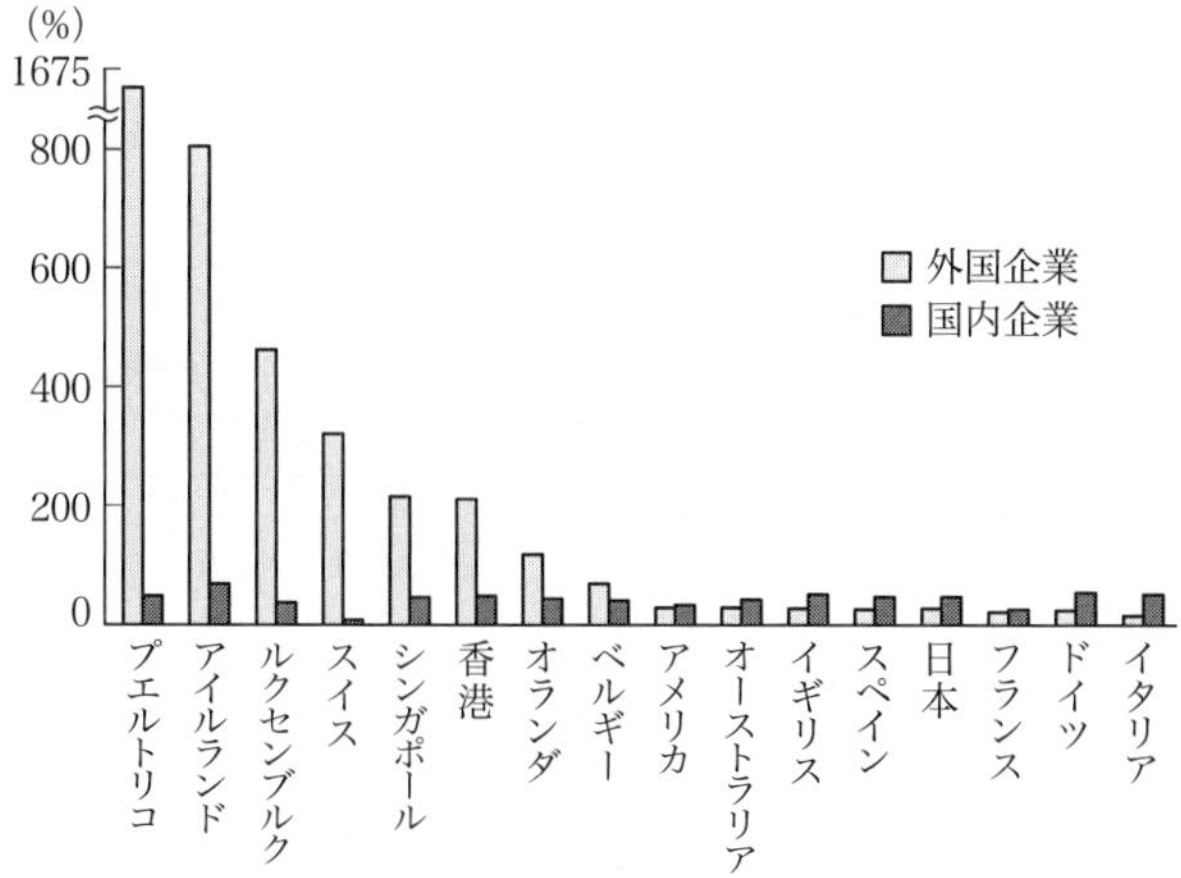

(*)税引前企業収益(従業員報酬の割合)
[出所]Tørsløv et al.(2018), Appendix, Figure 4.

図 3-3　外国企業 vs. 国内企業の収益性比較

外国企業よりも国内企業の方が、収益性が高くなっている。これは、高課税国から低課税国へ利益が移転されていることの傍証だと著者らはいう。

タックス・ヘイブンで計上された利益は例外的といえるほど高いもので、税引き前利益率(賃金に対する資本収益の比率)は、アイルランドで800%、プエルトリコで1625%を記録しており、明らかに異常な水準である。

こうした利益移転は、グローバル化の始まる1980年代以降に増加し始め、ICT革命の起きた1990年代後半に加速化、デジタル化の波にも押されて利益移転の水準は増加の一途をたどっている。図3-4は、アメリカ多国籍企業の海外子会社のうち、タック

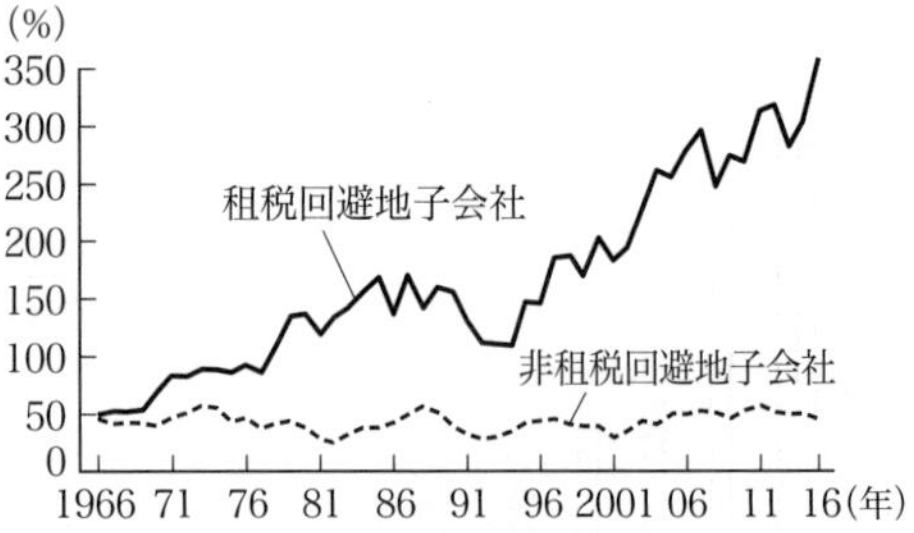

(*)アメリカの多国籍企業の子会社の税引前利益(従業員報酬の割合)

［出所］Tørsløv et al.(2018), Appendix, Figure 5.

図 3-4　利益移転の増加

ス・ヘイブンに立地する企業と、非タックス・ヘイブン企業の税引き前利益率の推移を示している。1970年代初頭までは、両者の収益率は同程度だったが、今日では、タックス・ヘイブン立地企業の収益率は350%を超える水準に達し、そうでない企業の収益率との格差は300%を超える水準となり、両者の乖離が大きく広がっている。これは、タックス・ヘイブンを利用した租税回避が可能な多国籍企業とそうではない企業との間で、競争条件の公平性が大きく損なわれていることを窺わせる。

図3–5は、アメリカ多国籍企業の子会社のうち、タックス・ヘイブン立地子会社と非タックス・ヘイブン立地子会社との間で、利益にどのような相違が生まれているかを示している。両者の利益の比を取っているので、それが100%の時は、両者の間で利益に差がないことを示している。資本集約度(K/wL)と純受取利息($1-p$)については、若干の変動はあるが、全期間を通じてほぼ100%(つまり両者の間に違いはない)となっている。だが1980

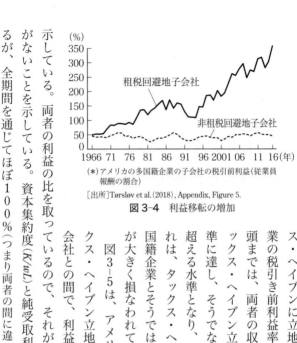

年代後半以降、工場や物流設備など物的資本に対する収益の比率である「物的資本収益率（r）」のみが上方に乖離していき、2016年にはタックス・ヘイブン立地子会社の利益が約4・5倍（450％超）にもなっている。

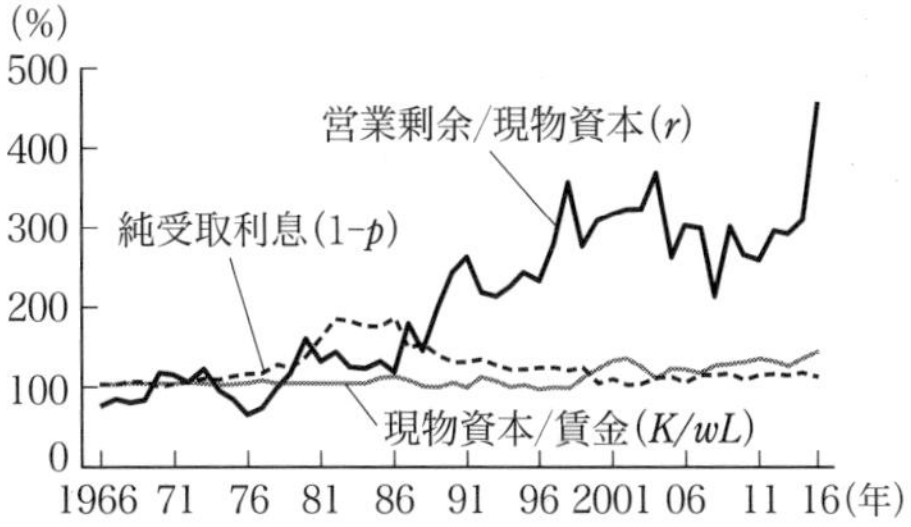

［出所］Tørsløv et al. (2018), Appendix, Figure 6.

図3-5 アメリカ企業の利益——租税回避地子会社 vs. 非租税回避地子会社

こうした乖離拡大の背景要因として、次の2点が考えられるという。第1は、資本集約度（物的な生産活動の実態を表す）や純受取利息（金融活動の実態を表す）といった経済活動の実態を表す指標では両者に違いはなく、利益率でのみ両者に乖離が生じていることから、移転価格の操作（第6章で詳述）によって利益が人為的にタックス・ヘイブンに移転されている傍証とみることができる。

第2に、経済活動の実態で両者に乖離がなく、利益率のみ乖離しているということは、工場など有形資産ではなく、無形資産がタックス・ヘイブンに移されたため、それが収益源となってタックス・ヘイブンへの利益移転が進んでいると推測できる。

表3-1　移転された利益——国別推計(2015年)

		報告されている税引前利益* 国内企業	報告されている税引前利益* 外国企業	移転利益*	実行法人税率(%)	法人税収の損失／税収(%換算)
OECD加盟諸国	オーストラリア	151	28	12	30	7
	オーストリア	37	11	4	18	11
	カナダ	96	47	17	35	9
	チリ	58	10	5	15	11
	チェコ共和国	16	17	2	20	5
	デンマーク	47	5	3	15	8
	エストニア	3	1	0	12	10
	フィンランド	21	4	3	20	11
	フランス	156	32	32	27	21
	ドイツ	510	43	55	11	28
	ギリシャ	21	1	1	19	7
	ハンガリー	11	10	2	11	21
	アイスランド	2	0	0	19	22
	イスラエル	48	6	1	17	2
	イタリア	199	13	23	18	19
	日本	602	32	28	26	6
	韓国	246	3	4	18	2
	ラトヴィア	3	1	0	10	7
	メキシコ	302	23	12	12	10
	ニュージーランド	37	6	1	18	5
	ノルウェー	69	7	5	22	8
	ポーランド	68	19	4	10	8
	ポルトガル	22	5	3	23	9
	スロバキア	6	5	1	25	5
	スロベニア	2	1	0	18	6
	スペイン	138	21	14	18	14
	スウェーデン	39	24	9	23	13

	トルコ	209	4	5	6	8
	イギリス	353	72	61	17	18
	アメリカ	1,737	153	142	21	14
主たる発展途上国	ブラジル	245	30	13	20	8
	中国	1,906	162	55	20	3
	コロンビア	52	7	1	29	2
	コスタリカ	12	1	1	12	19
	インド	368	8	9	10	8
	ロシア	253	37	11	14	5
	南アフリカ	68	9	4	25	6
租税回避地	ベルギー	48	32	−13	19	16
	アイルランド	58	116	−106	4	58
	ルクセンブルク	40	51	−47	3	50
	マルタ共和国	1	13	−12	5	90
	オランダ	106	89	−57	10	32
	カリブ海沿岸諸国	4	98	−97	2	100
	バミューダ	1	25	−24	0	
	シンガポール	30	90	−70	8	41
	プエルトリコ	10	43	−42	3	79
	香港	45	50	−39	18	33
	スイス	35	60	−58	21	20
	その他			−51		

（注）＊の単位は，10億U.S.ドル（billion US $）.
［出所］Tørsløv et al.（2018）, Appendix, Table 2.

トルスロフらが、どれほどの規模の利益移転が行われているのかを、各国別に推計した結果を示したのが、表3-1である。この表から明らかなように、アメリカを筆頭としてイギリス、ドイツ、フランス、日本、イタリアといった、法人税率の高い先進国から大規模な利益移転が行われていることが分かる。そして、その行き先が表3-1下段「租税回避地」の欄に挙がっているタックス・ヘイブン国であることも明らかである。彼らの推計によれば、2015年には全体として6000億ドル以上がタックス・ヘイブンへと移転されたという。しかもそれは何と、多国籍企業利益の40%近くに匹敵するという。利益移転先の首位はアイルランドであり、それだけで1000億ドル以上に上る。これにカリブ海沿岸諸国、シンガポール、スイス、そしてオランダが続いている。

こうした利益移転は、当然のことながら国家税収に大きな打撃を与える。表3-1の右端の列は、法人税収のうち何%が利益移転によって失われたかを示している。28%の法人税収を失っているドイツを筆頭に、欧州諸国の打撃が大きいことがここから分かる。日本もまた、法人税収の6%を失っていることが示されている。世界全体では法人税収の10%が失われている計算になるという。

EU加盟諸国の利益移転による法人税収損失を推計した別の研究でも、法人総税収のうち

7・7％が失われた計算になるという。この研究では、アメリカと日本もまた税収損失額にしてそれぞれ1010億ユーロ、240億ユーロを失っており、法人税収比率にして両者とも10・7％に達するという(Álvarez-Martínez et al. 2018)。

以上の実証研究から、多国籍企業によるタックス・ヘイブンへの利益移転の実態が定量的に明らかとなってきた。多国籍企業利益の約40％もの利益がタックス・ヘイブンへと流れ込んでおり、その規模は増加し続ける一方である。また、この結果として各国とも規模に違いはあれ、相当な規模の法人税収が失われている実態も明らかとなった。このことが第2章でみたように、租税構造をより不平等な姿へと変形させる大きな圧力を生み出しているのだ。つまり、国民のために社会保障財源を調達しようとすれば、国家は移動性の小さな社会保険料の引き上げや消費税の増税に訴えざるをえなくなる。この結果、労働や消費にますます重課がなされ、税負担の逆進性が強まる。こうして1980年代以降、税制が所得再分配機能を失ってきたことは、多くの指摘がなされている通りである。

6　租税回避を助け、国際協調を妨げる者

租税回避産業の勃興

こうした現状が改善されないどころか、長らく放置されてきた原因の一端は、こうした状況を固定化し、ますます強化することで利益を得ている者の存在に帰することができる(Saez and Zucman 2019)。彼らは「租税回避産業(tax-dodging industry)」と呼ばれ、デロイト(Deloitte)、アーンスト&ヤング(Ernst & Young: ＥＹ)、ＫＰＭＧ、そしてプライスウォーターハウスクーパース(PricewaterhouseCoopers: ＰｗＣ)といった「ビッグフォー」と呼ばれる四大会計事務所とその従業員から構成されている。ビッグフォーや多国籍企業には、移転価格税制の専門家として従事する従業員が世界で25万人いると言われている。彼らのビジネスの種こそ、移転価格税制である。

１９９０年代以降、租税回避産業は多国籍企業に対して、グループ企業内取引を用いた節税ビジネスを持ち掛けてきた。商標、ロゴ、管理サービス、知的財産など広く無形資産に類型化される資産やサービスは、観察可能な市場価値をもたないために、移転価格税制を無力化でき

ることに、彼らは着目した。

客観的で観察可能な市場価格が存在しないということは、移転価格の設定にあたって、多国籍企業側に自由裁量の余地が広がることを意味する。本章で説明してきたような移転価格の操作を通じてタックス・ヘイブンへの利益移転を実行しても、課税当局によって摘発されたり、裁判で敗訴したりする可能性も小さくなる。首尾よく租税回避に成功し、多国籍企業の税引き後利益を極大化できれば、彼らはその対価として多国籍企業から高額報酬を得ることができるのだ。

こうしたことから租税回避産業にとっては、現状を固定化することが有利となる。そこで彼らは、租税回避の規制強化に向けたあらゆる試みに反対し、逆に租税回避の可能性を拡げるためのロビーイング活動を展開し、実際にそれに成功を収めてきた。だが、もし第４〜６章で論じるような、租税回避に向けた国際協調の枠組みが成立し、移転価格税制に代えて定式配分法（後述）が採用されれば、租税回避の余地はなくなり、彼らのビジネス機会も消滅してしまう。

したがって多国籍企業だけでなく租税回避産業もまた、国際協調をできる限り低い状態に留め置くことに既得権をもっている。究極のところ、もしすべての国が同一の税率、同一の課税ベースを採用してしまえば、企業は利益を高課税国から低課税国に移す動機を失うとともに、租税回避産業のビジネス機会も消失する(第6章で検討するOECDの改革提案における「第2の柱(Pillar 2)」は、実現すればこれに近い政策効果を生み出す)。こうした事態になることを防ぐため、ビッグフォーは租税回避が不可避であるか、あるいはそれが「善」であることを広く信じ込ませようとしているとサエズらは指摘している。

彼らのロビー活動は、租税競争は善であり、それがなければ政府は膨張してしまうという理由から正当化されている(Saez and Zucman 2019)。ブレナンと1986年ノーベル経済学賞受賞者であるブキャナンによって擁護された世界観によれば、選挙を通じて選出された多数派は、少数派である資産保有者に対して過剰に課税する傾向にあり、資産保有者はまさに多数派の専制による犠牲者となる可能性がある。こうした事態を回避するには、租税競争のような強力な制約条件によって、政府による資産課税強化の動きを抑止する必要がある(ブレナン、ブキャナン 1984)。

多国籍企業と租税回避産業の視点からすれば、国際社会で各国政府が移動しやすい税源をめぐって競い合う状況は好都合である。つねに税負担には引き下げ圧力が働き、租税回避のためのあらゆる手練手管が称賛され、それがビジネス機会を生み出すからだ。逆に、税制をめぐる国際協調が進むことは、彼らにとっては「悪夢」に他ならない。それに対して、税収確保を目的とした「政府間カルテル」だとの非難が投げつけられることすらある(クノッセン 1990)。

政府を競わせる以外では、資産保有者の立場から民主的多数による資産課税強化を防ぐ手立てには、どのようなものがあるのか。資産保有者の視点に立てば、議会による民主的多数派の決定そのものを制約するルールや、財産権を保全する視点から、その侵害について議会を掣肘できる裁判所という公的機関への期待が生まれるのも自然であろう。

実際、アメリカの保守思想は、立憲ルールや裁判所のように、議会以外の「非民主主義的」な機関を通じて民主主義の抑制を求める長い知的伝統に根ざしているという(Saez and Zucman 2019)。上述のブキャナンがワグナーとともにケインジアンに対抗して、政府支出規模を抑制するために均衡財政を憲法に明記する「立憲ルール」の導入を提唱したのも、この文脈に置いてみると理解しやすい(ブキャナン、ワグナー 1979)。

ところでＯＥＣＤも長らく現状を変革するよりも固定化する役割を担ってきた。なぜならＯＥＣＤは第6章で詳述する理由により、移転価格税制を定式配分法で置き換えることを求める提案を強く拒絶していたからである。しかもＯＥＣＤはこれまで、移転価格税制の根本的な改革を避け、手直しの範囲内で租税回避問題を処理しようとしてきた。だがこれは結果として、問題の多い移転価格税制を温存し、それを操作することで租税回避利益を創出している多国籍企業の期待に見事に沿うことになった。さらに、多国籍企業から移転価格税制にかかわる複雑な業務を請け負って多大な収益を上げてきた租税回避産業にとっても、既得権益を保護してくれるありがたい方針となっていた。

だが２０１０年代に入ってデジタル化が本格的に進展し、無形資産を活用した多国籍企業による租税回避が深刻の度を増すにつれ、移転価格税制の手直し程度ではもはや問題の解決にならないことは誰の目にも明らかとなった。このため、２０１２年にＧ20の後押しを受けたＯＥＣＤは、ＢＥＰＳ(Base Erosion and Profit Shifting：税源浸食と利益移転)プロジェクトの場を設け、本格的に租税回避を防止する新しい国際課税ルールのあり方について、国際的な議論を開始した。これは、15の行動計画からなる国際課税ルールの包括的見直し作業であり、最終的には、「企業が実際に経済活動を行い、価値を創造する場所で利益が適切に課税」できるように、国際課税ルールを抜本的に変革することを目指す、きわめて野心的なプロジェクトに発展していった。

２０１５年にはその最終報告書が公表され、各国政府によるその実施段階に移った。だが、経済のデジタル化や無形資産を活用した租税回避の実情は、本章でみてきたようにきわめて深刻である。これを解決するには各国ごとの対応ではなく、国際課税ルールの書き換えが必要であり、そのための国際合意が不可欠だ。アメリカの多国籍企業による租税回避により、多くの税収を失っていたフランス、ドイツ、イタリア、スペインなど欧州諸国は、国際課税ルール見直しへの圧力を強め、ＯＥＣＤも応えざるをえなくなった。これが、成功すれば国際課税の歴史に画期をなすはずの、約１００年ぶりの国際課税ルール見直し論議へとつながることになった。

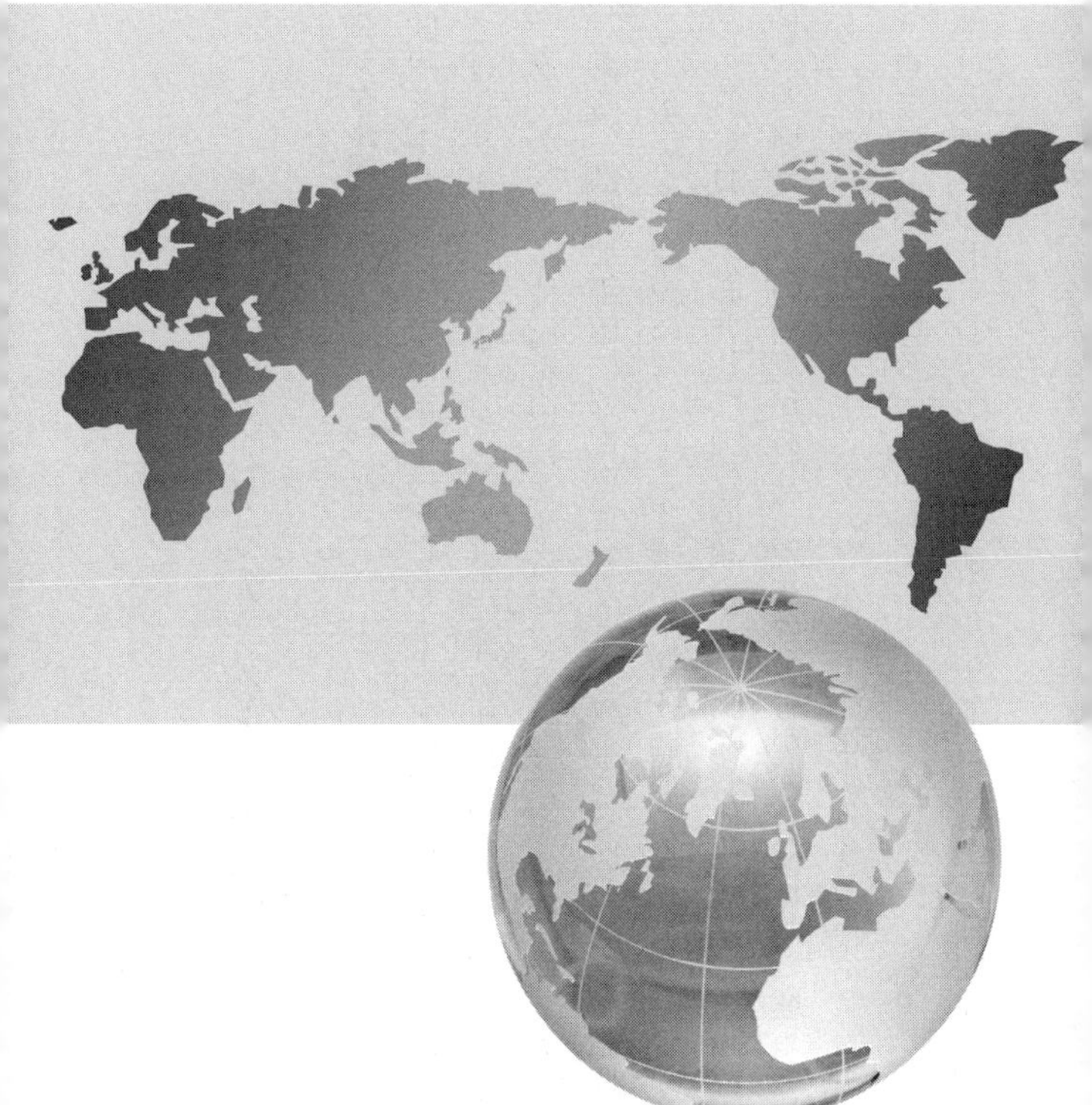

第４章

デジタル課税の波

1　グローバルに広がるデジタル課税の波

デジタル課税とは何か

欧州を中心に世界でいま、OECDによる国際課税ルール見直し論議に先行して、各国が単独でGAFAなど大手デジタル企業に課税する動きが広がっている。ここでは「デジタル課税」を、デジタル技術を中核とするビジネスモデルを擁する企業(「デジタル企業」)の収益、売上、あるいは付加価値に課税を行おうとする、あらゆる試みの総称として定義しておこう。こうしたデジタル課税には、(1)各国が単独で個別ルールに基づいて課税しようという動きと、(2)OECDを中心として国際協調の下に国際的に統一されたルールの下で課税しようという動き、という2つの潮流があり、現在は両者が同時並行的に進められている状況である。両者とも、経済のグローバル化とデジタル化で加速する多国籍企業の租税回避行動への対抗策だという点では共通している。

ではなぜ、OECDの下での議論に集中せず、各国は同時並行的に単独でもデジタル課税を模索するのか。

第1は、OECDの議論には時間がかかるからだ。仮に予定通りの2021年半ばに合意が成立したとしても、それに基づいて実際に課税が実現するまでに時間をなお要する。単独ならば、早期の課税を実現できる。実際、すでに課税実施済みの国や、近々実施予定の成案が出来上がっている国も多い。

第2に各国の国内事情がある。まず、悪化する財政状況ゆえに財源調達の必要性に迫られている。とくに新型コロナウイルス感染症対策やその経済的補償措置のため、どの国も未曽有の水準に財政赤字が膨らむことになる。その財源を調達するためにも、各国はデジタル課税による増収を必要としている。次に、納税しない海外大手デジタル企業と納税する国内実店舗企業の競争上の不平等を是正する必要もある。さらに各国政府は、格差拡大への国民の不満からくる政治的圧力にもさらされており、巨額の利益を上げながら納税しない海外デジタル企業に何の手も打たないわけには行かなくなっている。

第3は、アメリカへの牽制である。第6章でも論じるように、アメリカのデジタル課税へのスタンスは、約140か国による国際協調の場から離れて行く一方である。極端に言えば、アメリカだけが国際課税ルールの書き換えに基づくデジタル課税に反対しているといってよい。

各国はそうしたアメリカの姿勢に怒り、あるいは呆れながらも、アメリカを何とか国際合意に引き込もうと努力を行っている。しかし、それでもアメリカが国際合意を潰そうとするのであれば、対抗策が必要である。それが、各国が単独で用意するデジタル課税なのだ。

こうした単独でのデジタル課税導入へ向けた試みは欧州だけでなく、広くアジア、豪州、中南米など、全世界的に広がりを見せている。現在までのところ、各国単独でのデジタル課税は、主として2つのグループに分類される。

第1は、デジタル・サービスに対して付加価値税(日本でいえば消費税)を用い、間接税として課税しようとする国々である。これは同じ商品の販売なのに、それが実店舗で販売されれば消費税がかかる一方、アマゾンのようにオンライン上で販売すれば消費税がかからないといった、税制上の取り扱いの違いによる不公平に対応しようとするものである。こうした税負担格差があれば、実店舗はオンラインビジネスに対して不利になる。実店舗とオンラインビジネスの競争条件を均等化するため、付加価値税の対象をオンラインビジネスに拡張するという対応を多くの国々が行おうとしている。

第2は、イギリス、フランス、イタリア、あるいはEUと同様に、自国市場におけるデジタル企業の売上高に対し、一定の税率で企業に直接税として課税しようとする国々である。売上高に対する課税ということで間接税と理解されがちだが、これは実は、直接税である。ただ、「利益」に課税する法人税とは異なって、「売上高」に課税する一種の「外形標準課税」である点が異なっている（後出）。

この第2類型は、デジタル・サービスの売上高に着目して企業に直接課税することから「デジタル・サービス税（Digital Service Tax: ＤＳＴ）」と一般に呼ばれている。表4‐1は、世界各国のデジタル課税導入へ向けた動きを取りまとめたものである。

デジタル・サービス税（ＤＳＴ）の具体的事例

単独でのデジタル・サービス税でもっとも世間の耳目を集め、アメリカとの緊張を孕んだ対立関係をもたらしているのが、フランスのデジタル課税だ。同国では、議会が２０１９年７月に「デジタル・サービスへの課税創設」法案を可決した。これは、フランス国内での年間売上高が２５００万ユーロ（約30億円）以上、かつ世界売上高が7億５０００万ユーロ（約９００億円）以上の大手ＩＴ企業を対象とする。２０１９年1月からフランス国内での「売上高」に対し、3％の税率で課税するという内容である。

こうした課税要件は、フランスで莫大な利益を上げているにもかかわらず税金を納めていな

表 4-1　各国におけるデジタル課税対応の現状(2020 年 5 月現在)

国名	税率(%)	課税対象となる業務の範囲	課税最低限：グローバル売上基準	課税最低限：国内売上基準	現状
オーストリア	5	オンライン広告	75,000 万ユーロ	2,500 万ユーロ	導入済み
ベルギー	3	オンライン広告，プラットフォーム，ビッグデータ	75,000 万ユーロ	5,000 万ユーロ	提案／審議中
ブラジル	1〜5	オンライン広告，プラットフォーム，ビッグデータ	30 億レアル	10,000 万レアル	提案／審議中
カナダ	3	ターゲティング広告，デジタル仲介サービス	10 億カナダドル	4,000 万カナダドル	政府導入意思表明済み
チェコ共和国	7	オンライン広告，プラットフォーム，ビッグデータ	75,000 万ユーロ	10,000 万チェココルナ	提案／審議中(ただし，OECD での論議を見守るため，導入は 2021 年に延期)
フランス	3	プラットフォーム，オンライン広告	75,000 万ユーロ	2,500 万ユーロ	導入済み(アメリカとの合意により課税延期するも，2020 年 12 月に課税再開方針)
ハンガリー	7.5	オンライン広告	10,000 万フォリント	該当なし	導入済み(ただし，2022 年 12 月 31 日まではゼロ税率を適用)
インド	6&2	オンライン広告(6%)，電子商取引(2%)	—	2,000 万ルピー	導入済み
インドネシア	詳細は財務省規則にて規定	インドネシア国内で一定以上の売上を有する海外事業者によるオンラインサービス	詳細は財務省規則にて規定	詳細は財務省規則にて規定	導入済み
イスラエル	3〜5	イスラエル国内で一定以上の売上を有する海外事業者によるオンラインサービス	未発表	未発表	(フランスをモデルとして)政府導入意思表明済み
イタリア	3	オンライン広告，プラットフォーム，ビッグデータ	75,000 万ユーロ	550 万ユーロ	導入済み
ケニア	1.5	デジタルマーケットプレイス	未発表	未発表	提案／審議中(2021 年に導入見込み)

ラトビア	—	オンライン広告，プラットフォーム，ビッグデータ	未発表	未発表	政府導入意思表明済み（税率3% を念頭に導入による増収効果の研究を政府が委託）
ニュージーランド	2〜3	プラットフォーム，サーチエンジン，ビッグデータ，コンテンツ共有サービス	75,000 万ユーロ	350 万ニュージーランドドル	政府導入意思表明済み（2019 年 6 月に政府が制度設計に関するディスカッション・ペーパーを提示）
ノルウェー	—	—	—	—	OECD がデジタル課税で国際合意できない場合，導入することを政府が意思表明済み
ポーランド	1.5	オンライン配信サービス	—	—	政府導入意思表明済み
スロバキア	—	—	—	—	政府導入意思表明済み（財務省が公開協議文書を公表するも，それ以上のステップは踏まれていない）
スロベニア	—	—	—	—	政府導入意思表明済み
スペイン	3	オンライン広告，プラットフォーム，ビッグデータ	75,000 万ユーロ	300 万ユーロ	提案／審議中
チュニジア	3	海外事業者によるコンピューター・アプリケーションおよびオンラインサービスの販売	未発表	未発表	導入済み
トルコ	7.5	広告，コンテンツ販売，ソーシャルメディア・ウェブサイト上の有料サービス	75,000 万ユーロ	2,000 万トルコリラ	導入済み
イギリス	2	ソーシャルメディア・プラットフォーム，インターネット検索エンジン，オンライン・マーケットプレイス	50,000 万ポンド	2,500 万ポンド	導入済み

［出所］Tax Foundation, *Digital Taxation around the World*, 2020 に筆者加筆修正.

い大手デジタル企業がカバーされるよう設定されている。実際、課税対象となるのは現在のところ27社で、うちアメリカ企業が17社、フランス企業は1社のみという。

当然のことながら、アメリカのトランプ政権は猛反発した。政権はこの税を「アメリカ企業への不当な差別税制」と断じ、2020年1月に報復関税を発動すると表明した。具体的には、24億ドル(約2600億円)分のフランス製品63品目(スパークリングワイン、チーズ、ハンドバッグなど)に制裁関税を発動するという内容である。

これを受けてフランス政府は2020年1月、本税の適用を延期して2020年末まで徴収を凍結すると譲歩する代わりに、アメリカ政府が報復関税の導入を見送ることで、両国政府が合意したと発表した。もっともフランス政府は、後に述べるOECDによる国際合意が成立しない場合には、デジタル課税を単独で実施する方針を繰り返し表明していたが、同年10月に、国際合意が21年半ばに先送りとなったことを受けて、20年12月に課税を再開する方針を表明した。

こうしてアメリカの強い反発を引き起こしてまで、フランスがデジタル課税導入にこだわる理由は何だろうか。

第1は、財源調達上の必要性である。2018年にマクロン政権が導入を打ち出した燃料課税への抗議として、「黄色いベスト運動」が長期かつ広範に起きたことは記憶に新しい。この運動を収束させるため、政権は燃料課税導入をあきらめ、その凍結を発表した。

それだけでなく政権は、50億ユーロ（約6000億円）に上る所得減税、月2000ユーロ（約24万円）以下の年金に対するインフレ連動の増額、一部ボーナスの非課税措置の恒久化、残業収入の非課税化、最低賃金の引き上げなど、大規模な国民生活支援策を打ち出した。これが政府に約100億ユーロ（約1兆2800億円）もの追加的な財政負担を課すことになったのだ。

これによりフランスの財政赤字はGDP比で3・2％に達し、EU加盟国に課される財政規律ルール（「財政赤字を対GDP比3％以内に抑える」）に抵触することになった。このルールは、新型コロナウイルス感染症対策のために財政拡張政策をとる必要性に迫られて、一時停止されることになった。とはいえ、新型コロナウイルス感染症対策のための大規模な財政支出により、公債発行残高はこれまでにない水準に達することになる。国民が疲弊した状況で、既に20％に達している付加価値税率をこれ以上引き上げるわけにはいかない。そこで彼らは、デジタル課税をその有力な財源の1つとして位置づけているのだ。

イギリスもまた2020年4月に、世界の売上高が年間5億ポンド（約710億円）以上のデジタル事業部門を有する大手デジタル企業がイギリスで上げた売上高に2％の税率を課すデジタル課税を導入した。この新税導入により、年4億ポンド（約570億円）の税収が見込まれるという。

さらにイタリアもデジタル課税を2020年1月1日から導入した。世界での売上高が7・5億ユーロ（約910億円）以上、伊国内で550万ユーロ（約6億6000万円）以上の売上がある企業を対象に、デジタル収益に3％の税率で課税する。これにより、年間7億ユーロ（約840億円）程度の税収が見込まれるという。

EUもまた、欧州全域でのデジタル課税導入を目指そうとした。全世界での売上高が7・5億ユーロ、欧州域内での売上高が5000万ユーロ（約60億円）以上のデジタル企業のEU域内売上高に対して、3％の税率で課税するという内容であった。

イギリス、フランス、イタリアのようにEU加盟国がそれぞれ勝手にデジタル課税を導入すれば、二重課税などの問題が生じかねない。欧州委員会としては、EUで統一的なデジタル課税を導入してこうした問題を回避したいところであった。しかし、税制優遇で自国にデジタル企業を呼び込んでいるアイルランドやフィンランド、そしてデンマークなどが反対し、法案可決に必要な全会一致をえるのが困難だとみた欧州委員会は、2018年12月に導入を正式に断念した。もっとも、本書第7章で論じるEU復興基金の財源調達のために、将来の新規財源としてEUはデジタル課税の導入を掲げており、再び導入が検討される可能性がある。

欧州ではこの他にも、オーストリア(2020年1月〜)、ハンガリー(2020年7月〜)がデジタル・サービス税を導入したほか、新興国でもインドが海外の電子商取引企業などに売上の2%を課税する措置を2020年4月に導入し、インドネシアも2020年4月より海外デジタル企業への課税を強化する方針を打ち出した。

これらの動きに対してアメリカは危機感をもち、その導入(予定)国に対して制裁措置をちらつかせている。具体的には関税発動を視野に、EU、イギリス、イタリア、スペイン、オーストリア、チェコ、ブラジル、インド、インドネシア、トルコの10か国・地域のデジタル課税調査に入ったと報じられている(日本経済新聞、2020年6月4日朝刊)。デジタル・サービス税をめぐる状況は、納税しない大手デジタル企業に業を煮やして単独課税に走る国々と、それらを牽制するアメリカという対立構図がより鮮明になってきている。

ところで、デジタル・サービス税が企業の「利益」ではなく、「売上高」に対して課税するのは、なぜだろうか。それは売上高課税が、大手デジタル企業に課税し、税収を上げる上でもっとも確実な方法の1つだからである。利益に課税しようとしても、多国籍企業の利益はタックス・ヘイブンに逃れていて課税できない。ところが売上高であれば、そこに市場があり、収益を上げている限り企業側では操作しにくく、必ず課税できる。

もっとも、売上高に着目したデジタル課税には課題もある。第1に、これは法人利潤への課税ではないため、費用部分に対しても課税することになる。財・サービスの流通は、その生産から販売に至るまで何段階かを経る場合が多い。その場合、前段階でなされた（費用としての）課税額に対して、次の段階で新たな課税が重複して行われるので、「累積課税（tax on tax）」の問題が生じる。この場合、流通段階数が少なければ少ないほど税負担は小さくなるので、税制が企業に対して、節税のための垂直統合を促すという副作用がもたらされる。これでは、巨大化した大手デジタル企業をますます独占化・寡占化に向かわせることになってしまいかねない。

第2に、各国がデジタル課税を、課税対象も税率も異なる形でそれぞれ独自に設計し、導入し始めると、企業は世界各国の様々な市場で、同じデジタル・サービスに対して異なる税制に直面することになる。「デジタル課税を導入している国／導入していない国」「税率の高い国／低い国」「課税対象の広い国／狭い国」などの相違が生じ、税制の違いがデジタル企業に異なった影響を与え、様々な非効率性や歪みを生み出すことになりかねない。

各国政府の想いは分かるけれども、こういう形で各国がバラバラにデジタル・サービス税の導入に走ると、その弊害も大きい。可能ならば国際的に統一されたルールのもとに、各国が協調してデジタル課税を実施するのが望ましい。それを可能にするのが、ＯＥＣＤを舞台に議論が進められている国際課税ルールの見直しである。

2　なぜ国際課税ルールの見直しが必要なのか

問題解決のため、何をなすべきか

前節でみたように各国は、グローバル化／デジタル化を背景とする租税回避に対抗して、単独でのデジタル課税に訴える手法をとっている。そうすることで課税の公平性を回復し、税収を調達しようとしているのだ。だが一国ごとのデジタル・サービス税や付加価値税の拡張だけでは、グローバル化／デジタル化がもたらす根本問題に手を付けたことにはならず、対症療法の感が否めない。多国籍企業の動きが国境を越えているのだから、それを迎え撃つ課税権力の側も、国境を超える契機がなければ解決の糸口はつかめない。これが、なぜ各国が国際協力のもとに、国際課税ルールの見直しという体系的取り組みを行わなければならないかを説明する理由である。

では具体的に、グローバル化／デジタル化がもたらす問題に対して、どのように対処すべき

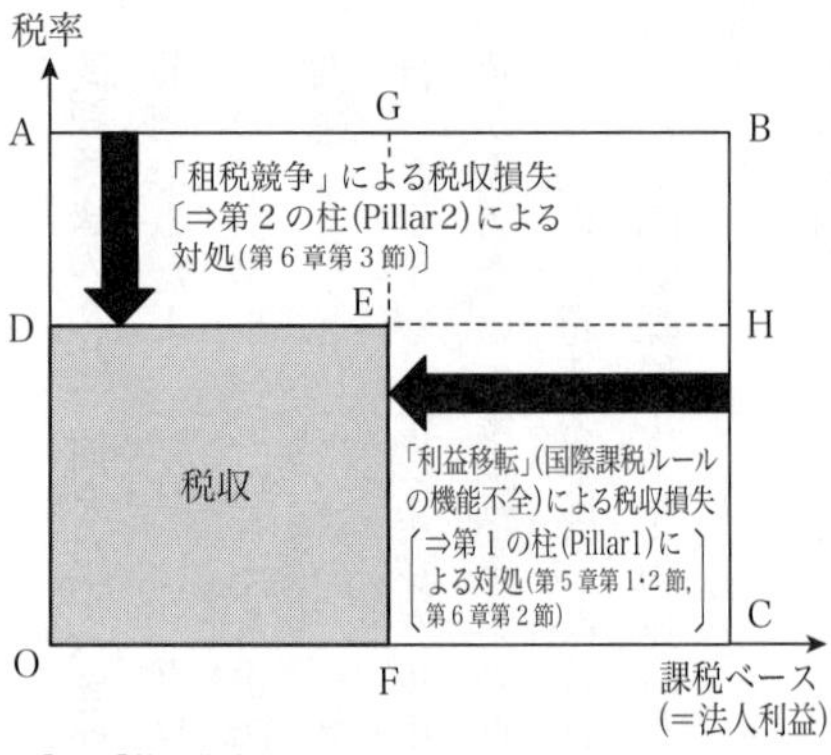

［出所］筆者作成.

図4-1　グローバル化／デジタル化による税収損失への対処策

なのか、図4-1を用いて説明することにしよう。各国が単独で課税するデジタル課税は、「売上」や「付加価値」に課税しようとするものだ。だがグローバル化／デジタル化で大きな損傷を被っているのは、売上から費用を差し引いた「法人利益」に課税する法人税だ。したがって本丸は、法人税の再建でなければならない。

図4-1に示されているように、法人税の税収は、縦軸である税率の高さと横軸である課税ベース（＝法人利益）の大きさで決まってくる（法人税収＝税率×課税ベース）。いま、法人税の税率がAO、その課税ベースである法人利益がOCの長さだとすれば、法人税収は図のABCOの面積で表すことができる。

しかし第2章・第3章でみたように、法人税収は経済のグローバル化／デジタル化による税収損失の圧力にさらされている。

第1は、「租税競争」がもたらす税収損失である。グローバル化で多国籍企業が国境を越えて行動するようになり、法人税負担の大きさを考慮して、もっとも有利な立地拠点を選択しようとするため、各国は税率の引き下げ競争に走っている。これが、図4-1の下方への矢印で示している、AOからDOへの税率引き下げ圧力による税収損失である。

第2は、「利益移転」がもたらす課税ベースの縮小圧力である。第3章で詳しくみたように、多国籍企業は先進国で稼いだ利益を、タックス・ヘイブンに移すこと(利益移転)によって租税回避を行っている。先進国にとってこれは、自国の課税ベースを縮小させる「税源浸食」を意味し、税収を大きく失わせる原因となる。

さらに、こうした利益移転が、経済のデジタル化で加速させられているという要因もある。現行の国際課税ルールが製造業を念頭に置いているため、デジタル化という経済構造の変化がもたらす税源浸食に有効に対処できていない。次項で詳述するが、簡潔に言えば現行ルールには工業製品などモノの取引、工場など物的な資産の保有、といった製造業的特徴が色濃く反映されている。このため、サービスや無形資産を中核的要素とする現代のデジタル産業の利益を、的確に摑むことができなくなっているのだ。これが、図4-1の左方への矢印で示している、OCからOFへの課税ベースの縮小圧力による税収損失である。

以上のことから法人税を再建するには、(1)利益移転への対処と(2)租税競争への対処という両面的なアプローチが必要であることが分かる。OECDは、(1)利益移転への対処という点で、国際課税ルールの見直しによる「デジタル課税」の導入を目指している(これは「第1の柱(Pillar 1)」と呼ばれている。これに対して、(2)租税競争への対処という点では、国際的に共通の最低税率の導入を目指している(これは「第2の柱(Pillar 2)」と呼ばれている)。これは、第6章第3節で詳しく論じることにしたい。以下では、グローバル化/デジタル化への対処として、どのような国際課税ルールの包括的見直しが求められるのかを論じていくことにしたい。

時代遅れのルール

では、現行の国際課税ルールのどこが問題となっているのだろうか。第1は、移転価格税制における「独立企業原則(Arm's Length Principle: ALP)」、第2は「PE(Permanent Establishment: 恒久的施設)ルール」である。

第1点目から説明していくことにしよう。第3章で説明したように、もともと移転価格税制は、多国籍企業が関連会社間で取引を行う際に、恣意的な価格づけを行って低課税国に利益移転することを防ぐ措置として導入された。これを、移転価格税制の第1の役割としよう。それと同時に移転価格税制は、各国間で法人利益に対する課税権を配分するという第2の役割を果たしている。

通常、多国籍企業は世界各国に子会社を保有し、本社と子会社、あるいは子会社間で活発に財・サービスの取引を行っている。こうした取引の結果、本社もしくは各子会社の利益が確定する。取引価格の妥当性はもちろん、移転価格税制によって規制されている。各国政府はそれぞれ、自国に立地する多国籍企業の本社、もしくは子会社の利益に対して課税する権利をもつ。つまり、移転価格税制が取引の妥当性を担保し、多国籍企業本社もしくは子会社の利益を確定させることで事実上、各国政府が課税できる利益(＝課税権)を確定させていることになる。これが、移転価格税制の課税権配分機能である。

ところが、グローバル化／デジタル化でこの課税権配分機能が機能不全を起こしている。1つの問題は、グローバル化に対応すべく多国籍企業がグループ全体として統合度を高め、1つの企業として一体的に動くようになった点にある。「独立企業原則」は多国籍企業グループの子会社が、それぞれあたかも独立企業として動くことを前提としている。だがそれは20世紀の話であって、交通手段や情報通信技術が高度に発達した21世紀においては、多国籍企業の統合度は格段に引き上げられている。問題は、これによって多国籍企業内部に「統合利益」が発生している点にある。独立企業原則の下では、この統合利益を摑むことができないために、適切な課税が行えなくなっている。

もう1つの問題は、経済のデジタル化を背景として、サービスや無形資産の重要性が高まっている点にある。工業製品などモノの取引価格の妥当性を判断することに比べて、無形資産の取引価格の妥当性を判断することは格段に困難である。それが工業製品のように大量生産され、市場に多く出回って活発に取引されるわけではないため、客観的な市場価格情報を入手するのが難しいからだ。無形資産といえば、知的財産、ブランド、顧客情報などのデータベース資産などを含む。これらの価値評価が、多くの困難をともなうことは容易に想像がつく。21世紀のデジタル化した経済では、無形資産の位置づけが飛躍的に高まり、結果として移転価格税制が直面する困難も、飛躍的に高まっているのだ。

こうした独立企業原則をめぐる諸問題は第6章の主題なので、詳細はそちらに譲りたい。ここでは、この問題を根本的に解決するには独立企業原則を放棄し、「定式配分法(Formula Apportionment: FA)」と呼ばれる新しい課税権の配分原理に移行する必要があることだけ示唆して、この議論はここでいったん止めることにしよう。

現行の国際課税ルールの第2の問題点は、「PEルール」の存在であった。これは、国内に工場や営業所などの「恒久的施設（PE）」がなければ、その企業の利益に課税することはできないというルールである。実際、OECDモデル租税条約第7条第1項には、次のように明記されているので、表現が少々難しいが紹介しておこう（OECD 2017a, p.10）。

一方の条約締約国（「居住地国」）に立地する企業の利益は、その企業が他方の条約締約国（「源泉地国」）内に存在する恒久的施設を通じて事業を展開していない限り、前者の条約締約国（「居住地国」）においてのみ課税可能である。その企業が、上述の形で（「恒久的施設を通じて」の意）事業を展開する限りにおいて、本条第2項の規定に沿って恒久的施設に帰属させることのできる利益に対し、他方の条約締約国（「源泉地国」）の側で課税してもよい。

これはつまり、次のことを言っている。多国籍企業利益への課税権は基本的に、居住地国（本社所在国）に属する。しかし源泉地国（子会社の立地国）も、工場などその企業の恒久的施設が存在する場合のみ課税権をもつことができる。その場合、源泉地国は恒久的施設に帰属する利益に対してのみ課税してよい。

しかし問題は、デジタル企業は物理的な拠点を経由せずとも、直接オンラインで消費者にアクセスできる点にある。これが、デジタル企業の利益への課税を難しくしている理由である。「恒久的施設の存在」は、製造業が産業の中心を占めていた時代なら、源泉地国での企業の経済活動を証拠立てる決定的な指標となりえた。

だがデジタル経済時代に入って、物的な意味での恒久的施設がなくともビジネスは可能になった。にもかかわらず、いまだに国際課税ルール上は、恒久的施設がその国に存在しなければ、デジタル企業がいくら儲けようとも、源泉地国に課税権は認められない。課税ルールと現実が、齟齬をきたすようになってきているのだ。これは現行の国際課税ルールが、グローバル化／デジタル化という経済構造の変化に対応できなくなってきていることを示している。

国際課税ルールの起源

そもそも、現行の国際課税ルールの起源は、第一次世界大戦と第二次世界大戦に挟まれた、戦間期の国際連盟における議論にまでさかのぼる。1921年に、当時の国際連盟「財政委員会」がアメリカ、イギリス、イタリア、オランダ出身の当時第一線級の経済学者4名に対し、国際課税ルール形成のための基礎調査を要請したことが、話の発端だ。

1923年に専門家会議が設置され、数度におよぶ検討が重ねられた結果、1928年に

「国際連盟モデル租税条約草案」の制定に至った。「モデル租税条約」とは、各国が租税条約を2か国間で結んでいく際に、条文モデルとして参照されるものであり、各国の租税条約の内容に大きな影響を与える。ここに「PEルール」が明確に書き込まれたのだ。さらに、国際連盟財政委員会に設けられた小委員会による1933年報告書において初めて、もう1つの重要な国際課税ルールである移転価格税制上の「独立企業原則」が謳われた（渕 2016）。

これをモデル租税条約の形に仕上げたのが、1935年条約草案である。これでもって、1921年に開始された事業収益に関する国際課税ルールをめぐる議論は、一応の結論に到達した（最終的には1943年モデル租税条約メキシコ草案、および1946年モデル租税条約ロンドン草案において結実）。

つまり、現在の国際課税ルールは今から百年近くも前の1920年代から30年代前半にかけて形成され、それ以降、その原理原則は基本的に変わることなく保たれてきた、ということである。

しかし、約百年前に国際連盟の議論が想定していたのは、農業や製造業を中心とした産業構造であり、国境を超えて取引されるのは、資金とモノであった。当然のことながら現在のように、無形資産やデジタル・サービスが活発に取引されることは想定されていなかった。当時でこそ、国境を超える交通手段や情報通信技術は限られており、「独立企業原則」はそれなりの妥当性をもっていた。「PEルール」も同様だ。

だが、資本主義の現実は、当時とはすっかり変わってしまった。資本主義の「非物質化」が進み、産業構造のサービス化が急速に進展する時代に、私たちは生きている(諸富 2020)。そのなかで20世紀はじめに形づくられた国際課税ルールは、もはや資本主義の現実とはかけ離れたものとなり、問題の解決に資するよりは、問題そのものとなってしまったのだ。

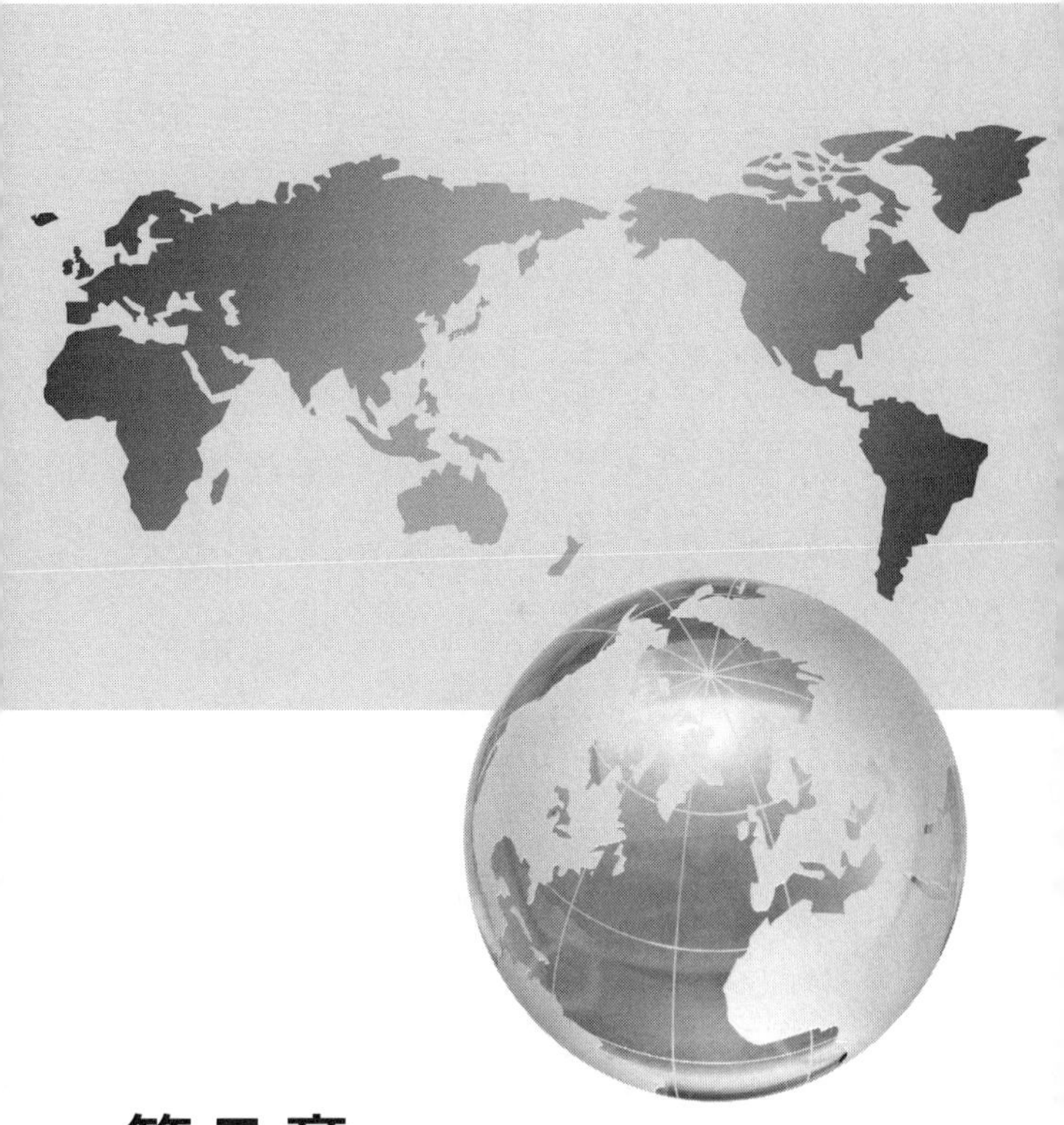

第5章

新たな国際課税ルールの模索

1　新たな国際課税ルールは可能か

これまでの議論の経緯

前章までに述べてきた経緯から、経済の構造変化に合わせて法人税の国際課税ルールを根本的に改めようという機運が高まってきた。戦後、国際連盟下で形成されたモデル租税条約を引き継いだOECDが、2010年代に入ってこの仕事に乗り出していく。OECDは「BEPS」プロジェクトの「行動1」の最終報告書で初めて、デジタル経済下における課税上の諸問題を本格的に取り上げた(OECD 2015)。だがこの報告書は課題を整理しただけで、どう解決すべきかについては何も語っていなかった。

彼らはその後、デジタル課税に向けた国際課税ルール見直しに関する検討を進め、2018年3月に中間報告書を公表した(OECD 2018a)。この辺りまでは、前述の通りGAFAをはじめとするアメリカの大手デジタル企業への狙い撃ちとなることを警戒するアメリカが議論に反対し、膠着状態に陥っていた。しかしそのアメリカが、同年夏に「マーケティング無形資産」提

表 5-1　デジタル課税に関する OECD の歩み

2015 年 10 月	BEPS 最終報告書の公表(OECD 2015). ただし，行動 1 におけるデジタル課税の課題を指摘するに留め，その解決策は提示されず.
2018 年 3 月	デジタル課税に関する論点整理を行った中間報告を公表(OECD 2018a)
2018 年夏	アメリカが「マーケティング無形資産」提案を提示
2019 年 2 月	「マーケティング無形資産」提案を含む，デジタル課税への 3 つの選択肢を提示した公開協議文書を公表(OECD 2019a)
2019 年 10 月	デジタル課税に関する「統合提案(Unified Approach)」を公開協議文書で提示(OECD 2019b)
2019 年 11 月	「グローバル最低税率」提案に関する公開協議文書を公表(OECD 2019c)
2020 年 1 月	約 140 か国・地域からなる全体会合で統合提案をもとに政治合意を目指すことで大筋合意
2020 年 10 月	「第 1 の柱」および「第 2 の柱」に関するブループリント(青写真)の公表
2020 年 11 月	G20 会合(サウジアラビア)にて政治合意(予定)
2021 年半ばまで	全体会合にて最終合意，最終報告書を策定・公表(予定)

[出所]筆者作成.

案(後述)を提示したことで、議論が一挙に前に進みだした。２０１９年２月には、「マーケティング無形資産」提案を含む新しい国際課税ルールの３つの選択肢が公開協議文書の形で提示された(OECD 2019a)。これ以降の動きは迅速である。

２０１９年10月には、意見集約を行って３つの選択肢を統合した「統合提案」を公開協議文書にて提示、翌11月には第２の柱である「グローバル最低税率」導入提案も公開協議文書で示された。２０２０年１月に開催された約１４０か国・地域による全体会合では、ＯＥＣＤ事務局の提示した統合提案をベースに政治合意の形成を図ることで大筋合意がなされた。そのあと、同年10月には全体会合による最終合意、同11月にはG20会合にて政治合意、そして2020年末までに最終報告書を策定・公表することが予定されていた。

もっとも、こうした予定は新型コロナウイルス感染症の影響を大きく受けて遅れが出ている。当初、2020年10月に予定していた全体会合での最終合意は、このために2021年に延期された。また、デジタル課税論議へのアメリカの立場が再び変化し、とくに「第1の柱」の統合提案に対して反対の立場を明確にするようになってきたことも、大きな波乱要因となっている。

OECDが提示した3つの選択肢

では、OECDで具体的に提示されているデジタル課税の内容をみていくことにしよう。統合提案の内容を理解するには、その前に提示された3つの選択肢(OECD 2019a)をめぐる議論を摑んでおくことが有益である。その3つとは、①「利用者参加」提案、②「マーケティング無形資産」提案、そして③「定式配分」提案、である。以下、順次その内容をみていくことにしよう。

①「利用者参加」(User Participation)――イギリス提案

これは、イギリスによる提案である。通常は企業が財・サービスを生産、消費者はそれらを使用・消費するという一方向の関係となっているが、デジタル経済では生産者だけでなく消費者／利用者も市場に積極的に「参加」して価値創造に貢献している、と彼らは主張する。たしかに、グーグルで情報を検索しているだけなら「参加」とはいわないが、例えばフェイスブックやインスタグラムなど、ソーシャルメディア上で利用者が作成したコンテンツをアップロードし、利用者間で交流するのは「参加」と呼べるかもしれない。また、例えばAirbnb《エアビーアンドビー》などのオンライン宿泊予約ビジネスにおいても、プラットフォーム上に空き部屋を登録して宿泊事業に参入したりするなど、利用者も事業者として積極的に参加して価値創造(value creation)を行っている事例がみられる。

こうして企業側だけでなく利用者側も、デジタル・サービスによる価値創造に貢献しているのであれば、それを根拠として恒久的施設がない場合でも、デジタル企業の利益に課税してもよいはずだ、というのがイギリス政府の立場である。

イギリス政府によるこの主張を理解するには、「価値創造」と課税の関係をめぐる議論を知っておく必要がある。ＯＥＣＤはデジタル課税の問題に着手して以来たびたび、「課税は経済活動が行われ、価値が創造される場でなされるべきだ（"... ensure that profits are taxed where economic activities take place and value is created", OECD 2018a）」という考え方を強調してきた。

法人税を語るならば、「利益（profit）」が創出された場所で課税すべき、となるはずである。ところが、わざわざ「経済活動（economic activities）」や「価値（value）」が創造される場所で「利益」に課税すべし、と述べている点に彼らの意図が込められている。

その理由は第１に、デジタル経済下では往々にして利益が、多国籍企業の本社立地国に集中してしまう点に求められる。例えばアマゾンなど消費者向けオンラインビジネスを手掛けている企業は、現地子会社や小売店を経由せず、消費者に直接オンラインでアクセスして財・サービスを販売する。その結果、利益は現地子会社に計上されることなく、すべてアメリカのアマゾン本社に計上される。

読者は、アマゾンが倉庫など物流施設をもち、それがＰＥとなって利益に課税できるのではないかと思われるかもしれない。だが、倉庫など物流施設は国際課税ルール上、実はＰＥと認められていないのだ。また、同じＧＡＦＡでもアップルは製造業であり、グーグルやフェイスブックとビジネスの性質が異なるのではないか、との疑問ももたれるかもしれない。しかしアップルもまた、工場をもたない「ファブレス企業」であり、彼らの音楽配信サービスはやはり、現地子会社や小売店を経由せず、直接オンラインで消費者に届ける点で、他の大手デジタル企業と同様の性質をもっている。

これでは、消費者が居住する国の政府は、大手デジタル企業の利益に課税できないことになる。これでよいのだろうか、というのがOECDの問題提起である。

第2に、仮に利益があがったとしても、第3章で論じたように、それはタックス・ヘイブンや低課税国に移転されてしまうのが実情である。法人税ならば利益に課税しなければならないが、これでは課税したくても課税できない。

そこでOECDは、多国籍企業が操作可能な「利益」という言葉を避け、「価値創造」という概念を持ち出してきたのだ。実際に企業の利益の源泉となっているのは、製品・サービスに価値を付与する経済活動である。価値創造が行われている場所、その大きさが特定できれば、そこに着目して課税を行うことで、こうした問題を解決できるかもしれない。

OECD自身も説明しているように、この「価値創造(value creation)」概念は、ハーバード大学の経営学者マイケル・ポーターが提唱する「バリューチェーン(value chain：価値連鎖)」の概念に由来している(OECD 2018a)。この概念は、企業が生み出す付加価値が、原材料の調達から生産、流通、販売に至るまで「どの段階で」、「どれだけ」生み出されているかを分析するための道具立てとして創り出された。

多国籍企業の場合、価値連鎖は国境を越えている。原材料の購入や生産は本社立地国で行われているとしても、消費者向けの宣伝・広告、物流、販売、アフターサービスなどの経済活動は、消費者が居住する国で行われるはずである。企業が製品・サービスを生産するのにともなって生み出される付加価値は本社立地国に帰属するとしても、チェーン（連鎖）のそれ以降、つまり消費者に製品・サービスを販売するための経済活動（製品・サービスの販売、アフターサービスに関わるあらゆる活動）で創り出される付加価値は、消費者の居住国に帰属するはずである。

もし企業の生み出す利益が、付加価値創造の場所とその規模に応じて本社立地国と消費者居住地国との間で分割、配分可能であれば、課税権もまた、それに応じて本社立地国と消費者居住地国に適切に配分されるだろう。ＯＥＣＤによる「課税は経済活動が行われ、価値が創造される場でなされるべきだ」という上記の主張は、こうした文脈に即して解釈すると理解しやすい。つまりこれは、「多国籍企業による恣意的な利益移転の結果、算出された「利益」概念に基づいて課税するのではなく、多国籍企業が実際に付加価値を生み出す場所で、その規模に応じて各国に利益配分する結果に応じて、課税権が配分されるべきだ」という主張として理解できる。

イギリス政府が「利用者参加」概念を打ち出してきたのは、価値創造が消費者の居住地国においても行われることを論証したいがゆえであった。仮に恒久的施設が存在せず、企業がオンラインで直接、消費者にアクセスできるような状況であっても、価値創造に消費者が参加することで、それは彼らの居住国でも創造されうる。したがってその国の政府は、多国籍企業の利益の一部に対して課税する権利をもつ。これが、「利用者参加」提案の言わんとするところだ。

②「マーケティング無形資産」(marketing intangibles)——アメリカ提案

イギリス提案には、弱点もある。それは、法人利益がどのように創出されるのか、一貫した論理で課税の根拠を説明できない点にある。この点を鋭く批判しているのが、ドイツ・マックスプランク研究所教授のヴォルフガング・シェーンだ(Schön 2018)。彼は、法人利益を生み出すには、前もって何らかの投資行為があるはずで、利益はリスクをともなう投資行為への対価としてもたらされるはずだと強調する。

シェーンは、消費者は決して投資を行っているわけでも、事業リスクを引き受けているわけでもないと指摘する。したがってその代価としての法人利益が消費者に帰属しないのは、当然だということになる。イギリス提案は「投資」という、法人利益発生の根本要因を問うているわけではないため、法人利益への課税根拠としては弱いというわけである。しかもイギリス案は、課税権を国家間でどう配分すべきかという根本問題に、生産側と消費側で異なった論理を用いる。このため課税権の国家間配分の根拠について、首尾一貫した説明論理を提供できないという弱みがあるというのが、シェーンによるイギリス提案批判の要点である。

もっとも彼も、経済のデジタル化が国際課税ルールに新たな挑戦を迫っていることを認めている。だが法人税について語るならば、あくまでも投資の対価としての利益に課税するという法人税の論理を徹底させて理論構築を図らねばならない、というのがシェーンの主張である。デジタル化で生じた大きな変化は、投資が「物的資産」への投資から、「無形資産」への投資に移行した点にある。これを踏まえるならば、デジタル経済下の法人税の論理を再構築しようとすれば、「利用者参加」ではなく、「無形資産への投資」に着目する必要がある。

例えばデジタル企業は、消費者にアクセスするために、彼らの居住国でその国に固有の無形資産投資を行おうとする。彼らは顧客基盤を築くために、企業ブランドを確立し、顧客リストを作成して、顧客の嗜好に合わせたサービス提供を行おうとする。あるいは、デジタル企業がサービス提供の基盤として構築する「プラットフォーム」も、言語も含めてその国向けにカスタマイズしたものにしなければならない。これらブランド、現地国向けプラットフォーム、顧客データベースはたしかに、多国籍企業が本社で形成したものではなく、むしろ市場が存在する現地で形成したものだといえる。これは無形であるためにPEルールでつかむことはできないが、現地国で構築された無形資産に対応する法人利益ならば、それに対する課税権は現地国政府に帰属すると理解してよいのではないか。

これこそアメリカが、「マーケティング無形資産」提案で打ち出した考え方に他ならない。本提案は無形資産を、①「マーケティング無形資産(marketing intangibles)」と、②「営業無形資産(trade intangibles)」とに区別している(OECD 2019a)。①はブランド、データ、顧客関係など、消費者に企業が直接アクセスする目的で顧客基盤を構築するために必要となる無形資産である。自動車の販売会社が店舗を通じて築いた顧客層、そして彼らと長年付き合う中で獲得した所得や嗜好性に関する情報などがこれに相当する。これに対して②は、企業による研究開発投資の結果として形成される無形資産であり、特許、ノウハウ、デザイン、製品の生産やサービス供給のために用いられるビジネスモデルなどを含む。第3章のスターバックスの事例でいえば、(1)環境的・社会的配慮に基づいて選び抜かれた最高品質のアラビカコーヒーの使用と、それにもとづく多様な商品開発、(2)店舗デザインや的確な店舗運営による収益確保の手法といったビジネスモデルなどを、②の無形資産として挙げることができる。

①の投資は主として消費者居住地国で行われるのに対し、②はその企業の本社立地国で行われる。法人利益への課税権はこうして、①と②が、法人の全体利益にどの程度寄与しているかに応じて、本社立地国と消費者居住地国で分割される。

アメリカ提案の意義は、法人利益への国際的な課税権の配分について、無形資産とその投資という観点から首尾一貫した説明理論を提供しえた点にある。本提案は、営業無形資産への投資から生まれた利益は、本社立地国に課税権が帰属し、マーケティング無形資産への投資から生まれた利益は消費者居住地国に帰属する、という結論を導いた。こうしてPEが存在しない場合であっても、マーケティング無形資産の存在を根拠に、消費者の居住地国側に課税権を配分する論理が提示された点で、本提案は画期的であった。

③「定式配分」(Formula Apportionment: FA)——インドなど新興国提案

定式配分は、(1)多国籍企業のグローバル利益を確定させ、(2)それを国際合意、あるいは多国籍企業立地国間の合意によって定められた一定の配分要素(資産、雇用、そして売上など)を含む定式を用いて関係各国に配分し、(3)それによって確定した利益に対して各国がそれぞれ課税権を保有する、というシンプルな考え方である。この方法の強みは、多国籍企業から、利益移転による租税回避への誘因を消すことができる点にある。なぜなら、彼らがいくら租税回避のためにタックス・ヘイブンに利益移転しても、課税総額は彼らのグローバル利益に基づいて算定されるため、変化しないからである。定式配分が、以前から独立企業原則への対案として議論されてきたのは、まさにこの強みゆえである。

さらに、定式配分は多国籍企業のグローバル利益に課税するので、消費者居住地国に恒久的施設が存在するかどうかは課税上、意味をもたなくなる。課税権で重要になるのはむしろ、利益配分に用いられる定式に含まれる資産、雇用、そして売上といった配分要素であり、それらがどのようなウェイトで組み合わされるかである。

同時に、多国籍企業利益に対する課税権を各国に配分する機能を果たしている独立企業原則もまた、定式配分が採用されるとその意義を失う。課税権の配分は、移転価格を用いなくとも、多国籍企業のグローバル利益を、配分公式を用いて関係各国に配分することで事足りてしまうからだ。

もちろん、配分公式は国際的に合意される必要があり（配分公式が各国でバラバラになれば、それだけ利益移転による租税回避の余地が大きくなってしまう）、それが政治的にきわめて困難であることもよく知られている。なぜ、望ましい課税権の配分方法として長らく知られながら現実に採用されることはなかったのか、その理由の一端がここにある。

以上のOECDの3つの選択肢の中では、定式配分の導入がもっともラディカルである。PE概念と移転価格税制における独立企業原則の完全な放棄を意味するからである。したがって当初から、この選択肢が採用される見込みは薄いと考えられていた。もっともOECDは、定式配分の採用に強く反対する立場をとっていたので、彼らがこれを選択肢として掲げたこと自体、大きな驚きであった。定式配分が少なくとも議論の正式な俎上に上ったことは、OECDの立場の明確な方向転換を指し示す証拠だと考えてよいだろう。

2 OECDによる新しい国際課税ルールの提案

「統合提案(Unified Approach)」の内容

OECDは、3つの選択肢に対する世界中からのコメントを踏まえ、2019年10月にデジタル課税に関する統合提案を新たな公開協議文書として示した(「第1の柱」、OECD 2019b)。彼らはまず、3つの選択肢の共通要素をくり出し、それらを新しい提案の基礎とすることを論っている。

具体的には、（1）高度にデジタル化され、遠隔運営が可能で、しかも利益率のきわめて高いビジネス（OECD（2020a）によれば、ここに含まれるのは「自動化されたデジタルサービス（Automated Digital Services: ＡＤＳ）」と「対消費者ビジネス（Consumer Facing Businesses: ＣＦＢ）」である。ＡＤＳの具体例としてオンライン広告、利用者データの販売や譲渡、オンライン・サーチエンジン、ソーシャルメディア・プラットフォーム、オンライン仲介プラットフォーム、デジタルコンテンツサービス、オンラインゲーム、標準化されたオンライン教育、クラウドコンピューティングが含まれる一方、個別仕様の専門サービスやオンライン教育サービス、ＡＤＳ以外の製品・サービスのオンライン販売、「モノのインターネット（Internet of Things: ＩｏＴ）」を通じてネットワーク接続しているか否かにかかわらず物品販売からえられる収入、そしてインターネット接続を提供するサービスは除かれる。ＣＦＢは字句通り、消費者に対して直接的に製品・サービスを販売するビジネスを指し、原材料や半製品などの販売は除かれる）への課税権の一部を、消費者の居住国（ＯＥＣＤの用語法では「市場法域（market jurisdiction）」）に移す、（2）消費者居住地国における恒久的資産の存在を前提としない新たな「ネクサスルール」（その国の課税権の有無を判定するルールのこと。「ネクサス」とは、そのための「とっかかり」といった意味である。現在ならばそれは恒久的施設の有無になる）の形成、さらに、（3）課税権

<table>
<tr><td>ステップ(a)</td><td colspan="7">多国籍企業のグローバル利益</td></tr>
<tr><td>ステップ(b)</td><td colspan="6">非通常利益(残余利益)</td><td>通常利益</td></tr>
<tr><td>ステップ(c)
課税利益A</td><td colspan="5">「マーケティング無形資産」による利益貢献分</td><td>「営業無形資産」による利益貢献分</td><td></td></tr>
<tr><td>ステップ(d)</td><td>A国</td><td>B国</td><td>C国</td><td>D国</td><td>E国</td><td colspan="2"></td></tr>
</table>

[出所]筆者作成.

図5-1　OECD デジタル課税提案における課税権の配分

の国家間配分において、移転価格税制における独立企業原則を超える新しい原則を模索、といった3点を掲げている。

これら3点について、OECDが出した回答は次のようになる。第1に、新しい国際課税ルールの適用を、高度にデジタル化した対消費者ビジネスに適用する(↓イギリス提案の反映)。第2に、物的な意味での恒久的施設に依存しない、しかし基本的には「売上高」に依存する新しいネクサスを創出する(↓イギリス提案の反映)。そして第3に、現行の独立企業原則に立脚した移転価格税制を保持しつつ、無形資産投資が生み出す収益に対しては、定式配分ベースの解決法で補完する(↓アメリカ提案、および新興国提案の反映)。

以上のように、OECDの統合提案は、3つの選択肢に組み込まれていた要素をうまく統合しつつ、1つの提案に仕上げている。だが、そのベースとなっているのは、アメリカ提案である。統合提案では、デジタルビジネスにおける無形資産投資が生み出す利益に対し、どのように国家間で課税権を配分すべきかが提示されている。それは、次のような手続き的なステップを踏んで行われる(図5−1参照)。

ステップ(a) まず、多国籍企業のグローバル利益を確定させる。

ステップ(b) 次に、多国籍企業のグローバル利益は、有形資産投資からえられる「通常利益(routine profit)」と無形資産投資からえられる「非通常利益(non-routine profit)」とに分けられる。後者は、グローバル利益から通常利益を差し引いたものに等しいので、「残余利益(residual profit)」とも呼ばれる。

ステップ(c) 「残余利益」が確定すれば、それを「マーケティング無形資産」による貢献分と、「営業無形資産」による貢献分とに分割する。前者が、消費者の居地国(「市場法域」)に配分される利益部分となる(Amount A[課税利益A])。

ステップ(d) マーケティング無形資産による利益貢献分が確定したら、それをさらに、当該多国籍企業が事業を展開する国々で分割する。分割する際の指標としては「売上」が採用される。例えば、ある多国籍企業が5か国で事業展開しているとして、A国での売上が総売上のうち20%を占めているとすれば、消費者の居住地国に配分されるべき利益部分全体のうち、A国に20%分を割り当てる。こうして、A国に帰属する課税権が確定する。

OECD「統合提案」の意義

以上の統合提案は、現行の国際課税ルールからの大きな飛躍を示す点で画期的だ。この提案によれば、まず多国籍企業のグローバル利益を確定し、そこから上記のステップを踏んで、まるでケーキにナイフを入れて分割していくように利益を分割して各国の課税権を確定させるトップダウン方式に大幅に変わる。これはかつて、ミシガン大学法科大学院教授のアヴィ＝ヨナらが提案した方式を拡張したものである(Avi-Yonah et al. 2009; Avi-Yonah and Clausing 2019)。

依然として、通常利益に対しては現行の移転価格税制が適用されるものの、ＯＥＣＤがこれまで拒否してきた定式配分の要素を含む、新しい国際課税ルールを彼ら自身が提案したことの意義はきわめて大きい(第6章参照)。もっとも、上記ステップ(b)で残余利益を算出し、通常利潤と切り分けることや、ステップ(c)で残余利益をさらに、「マーケティング無形資産」による貢献分と「営業無形資産」による貢献分とに厳密に切り分ける計算を行うことは、理論的にはともかく、実行可能性に難がある。

そこでＯＥＣＤの議論では、営業利益率が10％を超える利益部分を、残余利益と定めるようである。ＯＥＣＤの推計によれば、これは、世界で７８０の多国籍企業グループを課税対象企業に含むことになるという。彼らは「国別報告書」(Country by Country Report：ＣｂＣＲ)の提出を義務づけられている多国籍企業グループのうち約35％を占め、課税対象となる残余利益の総額は５１００億ドル(約53兆円)に上るという(OECD 2020a)。また、残余利益のうち「マーケティング無形資産」による貢献分は、一律20％とする案が本書執筆時点では有力なようである。同様にＯＥＣＤの推計によれば、営業利益率10％を超える利益部分を残余利益と定め、さらにそのうち20％が「マーケティング無形資産」による貢献分だと定める場合、デジタルサービスの消費者居住国に配分される課税利益は、９８０億ドル(約10兆円)に上るとされている(OECD 2020a)。

統合提案のもう１つの特徴として、上記ステップ(ｄ)で、多国籍企業のグローバル利益を最終的に消費者の居住国同士で分割する際に、「売上高」の各国間比率を指標として採用している点が挙げられる。なぜ指標として資産や雇用など、他にもさまざまな可能性がある中で、売上高を採用したのだろうか。

ＯＥＣＤでのデジタル課税案設計の責任者であるパスカル・サンタマンＯＥＣＤ租税政策・税務行政センター局長との懇談の機会にこの点を直接確認したところ、他の配分要素を採用した場合、各国間で一種の租税競争が起きることを懸念しており、そうした問題をもっとも生み出しにくい指標として売上が採用されたとのことであった。

これは、アメリカの州レベルの法人税で実際にそうした州間租税競争が引き起こされたことを念頭に置いての発言と思われる。アメリカの州レベルの法人税では、自州が課税権を有する利益の確定のため、定式配分を採用している。当初、この定式における配分要素は「資産」、「賃金」、「売上」3つで、それぞれのウェイトは3分の1ずつの均等であった。

しかし、資産や賃金に課税することで自州への工場立地や雇用拡大に悪影響をもたらすと懸念した各州の課税当局は、徐々に配分公式における資産や賃金のウェイトを下げ始め、さらにそれが州間での租税競争を引き起こしたことで、例えばミシガン州では1999年以降、ついに資産と賃金の比率が5％と無視しうる水準に低下し、逆に、売上比率は90％に高まって極端な売上高シフトとなった(Bean 2003)。

OECDのデジタル課税提案で、課税権を売上要素のみに基づいて各国に配分しようとしているのは、「資産」や「雇用」を考慮すれば、アメリカの州間と同様の租税競争が国家間で起きかねないと懸念したためだ。最初から売上のみを配分要素とすることで、租税競争を未然防止するのがOECDの狙いであろう。

OECD提案は失われた税収をどれほど取り戻せるのか

OECDは2020年2月13日に、統合提案に基づく「第1の柱」とグローバル最低税率に関する「第2の柱」が実現する場合の税収影響を経済分析した結果を公表した（OECD, *Tax Challenges Arising from the Digitalisation of the Economy: Update on the Economic Analysis & Impact Assessment*, 13 February 2020）。この分析の基礎となるデータは、200か国以上、2万7000を超える多国籍企業グループをカバーしている。それによれば、改革の結果として世界全体で法人税収が約4％増加し、増収総額は1000億ドル（約10・6兆円）に上るという。また、こうした増収は先進国だけでなく、中・低所得国にも同様にもたらされるという。これは、第3章で紹介した税収損失のすべてではないにしても、そのうちある程度を取り戻せることを示している。

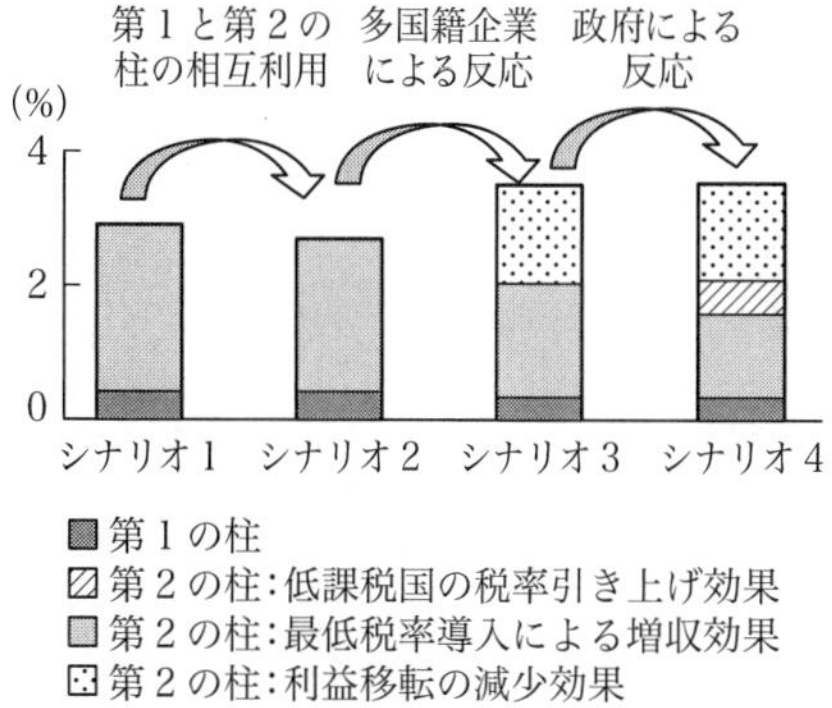

［出所］OECD, 13 February 2020.

図5-2 統合提案導入によるグローバルな税収効果

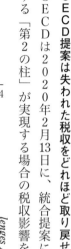

図5―2は、OECDによる経済分析の結果を図示したものである。こうした試算を行うためには、図5―1で示された課税利益をそれぞれどのように算出するか、前提を決めておかなければならない。この点でOECD試算は、統合提案に立脚している。まず「残余利益」は、多国籍企業のグローバル利益から通常利益を差し引いたものになる。OECDの試算では統合提案通り、通常利益は多国籍企業グローバル利益の10％と設定されている。課税利益A（消費者の居住地国に配分される利益部分）についても、統合提案に基づいて残余利益の20％と設定されている。最後に、各国に配分される課税利益はその多国籍企業の総売上高のうち、当該国での売上高が占める比率で決定される。

以上の前提に基づく試算結果では、「第1の柱」よりも「第2の柱」の方が税収効果が大きくなることが示されている。さらに興味深いのは、この図が単に「第1の柱」と「第2の柱」を導入した結果だけでなく、それらに対する多国籍企業や低課税国の行動変化をも織り込んだ推計結果を示している点である。

左から順にみていくと、図5―2のシナリオ1では「第1の柱」と「第2の柱」の両方が導入された状態での税収効果が示されている。図4―1でいうと、税率がDOからAOに引き上げられ、同時に課税ベースがOFからOCに引き上げられた時、その増収効果は、前者による

ABHDの面積に、後者によるGBCFの面積を加えた合計の面積に相当する。シナリオ2では、両者の効果のうちダブルカウントとなっている部分(図4-1のGBHEの面積)を差し引いた純粋な税収効果が示されている。これに対してシナリオ3では、多国籍企業が統合提案の実施に反応して、意義のなくなったタックス・ヘイブンへの利益移転を減少させることによる税収効果が示されている。最後に一番右のシナリオ4では、多国籍企業が利益移転を減少させたことで失われた税収を取り戻すべく、低課税国が法人税率を引き上げるために、税収効果の一部が低課税国に移転することを示している。ただし、世界全体としての税収効果はシナリオ3と変わらない。

【コラム】　税収効果を試算する

OECDによる試算は第一次分析として、国別の産業業種別の税収変化の推計には踏み込んでいない。しかし、この点に関する情報がない限り、OECDの目指す改革がその目的を達しうるのかどうかを評価することができない。この点では、シンクタンクTax Analysts首席エコノミストであるマーティン・サリバンによる、アメリカ多国籍企業を対象とした「第1の柱」に関する税収効果の試算結果が参考になるので、ここで紹介しておこう(Sullivan 2020)。

彼の試算方法では、ＯＥＣＤの統合提案で提示された「第1の柱」の考え方に則り、課税利益を算出する場合の諸前提を、ＯＥＣＤの想定にそろえている。したがって、現状からＯＥＣＤの統合提案が導入された状態に移行した場合、あるＡ国の税収変化額は、次の式によって計算することができる。

Ａ国の税収変化額＝課税利益Ａ×（Ｓ％－Ｐ％）×Ａ国の法人税率

Ｓ％：多国籍企業総売上高に占めるＡ国売上高の比率

Ｐ％：多国籍企業の総残余利益（課税利益Ａ）に占めるＡ国利益の比率

統合提案が採用された場合、Ａ国に入ってくる法人税収は、課税利益Ａに対し、多国籍企業総売上高に占めるＡ国売上高の比率（Ｓ％）を掛け合わせて算出した所得部分に、Ａ国の法人税率を掛け合わせて算出した金額となる。これを法人税収［1］とする。

これに対して、現状でＡ国に入ってくる法人税収は、課税利益Ａに対し、課税利益Ａに占めるＡ国利益の比率（Ｐ％）を掛け合わせて算出した所得部分に対し、Ａ国の法人税率を掛け合わせて算出した金額となる。これを法人税収［2］とする。

以上より、ＯＥＣＤ統合提案導入によるＡ国法人税収の変化額は、法人税収［1］から法人税収［2］を差し引いた金額となる。さらにその変化率は、「Ｓ％－Ｐ％」で算出されることになる。この「Ｓ％－Ｐ％」は、ＯＥＣＤ統合提案の導入前後で税収(納税額)がどう変化するかをチェックする指標としてきわめて便利である。この指標がプラスならば、導入によって当該国の税収(あるいは当該企業の納税額)は増加し、マイナスならば減少となることを意味する。

サリバンは、米国の代表的な多国籍企業25社を選んで、ＯＥＣＤ統合提案の導入がもたらす世界各国の税収とこれら25社の納税額に及ぼす効果を、「Ｓ％－Ｐ％」の指標を用いて算出している。これは、米国の代表的な多国籍企業のみを対象とする限定的な試算だという限界はあるが、ＯＥＣＤ統合提案が導入された場合の各国、各社に対する影響に関して、その大まかな傾向を知るための有益な情報を提供してくれている。なお、彼が試算にあたって用いているデータは、米国商務省経済分析局(U.S. Bureau of Economic Analysis: ＢＥＡ)、および米国内国歳入庁(U.S. Internal Revenue Service: ＩＲＳ)の２０１７年データである。表5-2は、この両データを用いて試算された、ＯＥＣＤ統合提案による各国税収の変化率である。この表は、米国の代表的な多国籍企業25社の海外利益が、ＯＥＣＤ統合提案の導入によってどのように再配分され、その結果、税収が米国以外の各国でどのように変化するかを示している。

表5-2から読み取れるように、多国籍企業のグローバル総売上に占める比率が大きい割に

表 5-2　OECD 統合提案の導入が各国の税収に与える影響(%)

国　名	BEA データによる試算			IRS データによる試算		
	S	P	S－P	S	P	S－P
カナダ	9.4	4.9	4.6	7.6	5.0	2.6
中　国	6.0	3.8	2.2	5.8	4.2	1.6
アイルランド	5.9	13.9	－8.0	7.6	4.6	3.0
スイス	5.6	6.1	－0.4	6.4	7.7	－1.3
ドイツ	5.4	1.7	3.8	5.0	1.1	3.9
オランダ	4.7	13.6	－8.9	5.0	6.3	－1.3
日　本	3.8	3.4	0.3	3.5	3.9	－0.4
フランス	3.2	0.9	2.3	3.0	0.8	2.2
ブラジル	2.9	0.4	2.4	2.6	0.9	1.7
ルクセンブルク	1.3	4.1	－2.7	1.8	3.9	－2.1
ケイマン諸島	1.0	4.3	－3.3	1.3	9.2	－7.9
バミューダ	0.9	1.3	－0.5	1.1	5.1	－3.9

＊一部計算が合わない箇所は，小数点以下の四捨五入の結果と推測される．
［出所］Sullivan (2020), Table 2A & 2B のうち一部を訳出して転載．

は、利益移転によってその多国籍企業のグローバル総利益に占める比率の小さい国々(ドイツ、フランス)では、改革による増収率が大きくなる傾向がある。逆に、(事実上の)タックス・ヘイブン国は減収となっている(スイス、オランダ、ルクセンブルク、ケイマン諸島、バミューダ、なおアイルランドは両データベースで異なる結果)。ここからOECD統合提案はその目的通り、タックス・ヘイブンに移転されている利益を計算上、売上高の大きい国々に再配分し、それによって税収を前者から後者へ再配分する効果をもっていることが分かる。

これに対して表5-3は、OECD統

表 5-3 OECD 統合提案の導入が米国多国籍企業の納税額に与える影響(10 億ドル)

企業名	BEA データによる試算			IRS データによる試算		
	合衆国	非合衆国	世界全体	合衆国	非合衆国	世界全体
アップル	175	169	343	175	65	239
アルファベット	75	43	118	75	11	86
フェイスブック	64	59	123	64	22	86
マイクロソフト	255	−67	188	255	−84	171
J & J	104	−17	87	104	−28	75
ファイザー	312	−171	141	312	−154	158
アマゾン	0	0	0	0	0	0
キャタピラー	0	0	0	0	0	0
スターバックス	−5	11	6	−5	7	2

［出所］Sullivan(2020), Table 4 のうち一部を訳出して転載.

合提案が導入された場合のアメリカ多国籍企業の納税額に対する影響の試算である。ここから読み取れるように、やはりアップル、アルファベット(グーグル)、フェイスブック、マイクロソフトなどの大手デジタル企業は、かなりの規模の増税となる。目立つのは、ジョンソン&ジョンソン(図のJ&J)、ファイザーといった製薬会社が、大手デジタル企業と並んで、あるいはそれ以上に大規模な増税となる点である。それとは対照的に、アマゾンとキャタピラーは営業利益率が10%未満のため「残余利益」が発生せず、したがって「第1の柱」の下での課税額が発生しない。スターバックスも増税額はわずかであることが分かる。

以上より、アメリカの代表的多国籍企業に限定された試算だが、OECD統合提案がどのような税収効果をもたらしうるのかを、大まかに理解することに役立つ。

第1に、統合提案はタックス・ヘイブンに移転された利益を計算上、売上高の大きい国々に再配分することで、狙い通り税収をドイツ、フランスなど、これまで多国籍企業による租税回避に悩まされてきた国々に対し、厚めに配分し直す効果をもっていることが分かった。

第2に、OECD統合提案は予想通り、大手デジタル企業への課税強化をもたらす他、製薬会社など利益率が高く、そしておそらく巧妙にタックス・ヘイブンを活用した租税回避に手を染めていた企業にとっても、大幅な課税強化となることが新たに分かった。半面、利益率の低いアマゾン、スターバックスなど小売業や、建設機械のキャタピラーなど製造業は、「第1の柱」では課税対象とならないか、対象になったとしても増税額はわずかであることも分かった。

第3に、スペースの関係で一覧表として紹介することはできないが、サリバンはOECD統合提案の導入がもたらす国別増収額の推計も行っている。それによれば、アメリカはドイツ(1980億ドル)、イギリス(1630億ドル)、そしてフランス(1330億ドル)を凌いで、絶対額でみて圧倒的に増収額(7840億ドル)の多い国であることが示されている。OECD自身の試算によっても、「第1の柱」は世界全体で増収をもたらすことが明らかになったが、アメリカにとってはとりわけ大きな増収となるということが明らかとなった。

この結果は、アメリカにＯＥＣＤ統合提案に前向きな姿勢をとらせる好材料となりそうである。だが、実際にはそうなっていない。この点については、次の第６章で詳述することにしよう。

第6章

ネットワーク型課税権力の誕生

1　ネットワーク型課税権力とは何か

企業や金融の活動領域が世界大に広がったのとは対照的に、国家の活動は依然として国境の内側に閉じ込められている。課税権力は、国境の外の経済活動に対して、税金を課す力をもたないのだ。多国籍企業や世界各国の富裕層が、自らの資金を海外のタックス・ヘイブンに移し、租税回避を大々的に行うようになっても、課税権力にはそれを追いかけて課税する権限が与えられていない。なんと、無力なことであろうか。

結果、グローバル化／デジタル化の進展とともに租税回避の規模はますます大きくなり、看過できない水準に到達した。国境を越えてタックス・ヘイブンに移転されていく富裕層の富や法人利益に課税することができない弱体化した課税権力は、国内において、海外逃避できない労働や消費に重課する他なかった。その帰結が、逆進的な税制である。高額所得者の税負担が、時代とともに軽減されていったのに対し、低所得者の税負担は重くなっていった。税制の所得再分配機能の喪失は、各国で格差を拡大させ、ポピュリズムを蔓延させた。

この問題を根本的に解決するには、本書でも示唆してきたように、経済のグローバル化に対抗する「課税権力のグローバル化」が必要になる。つまり、資本主義経済の空間的スケールと課税権力の空間的スケールを一致させるのだ。

課税権力のグローバル化は、2つのルートで達成できる。1つは、グローバルな課税権力の創出である。究極的には世界政府を創出し、そこに課税権力を付与することになる。だが現時点では世界政府の創出を、リアリティをもって語ることのできる現実的基盤が存在しない。もっとも第7章で論じるEUの試みは、世界政府ではないけれども、国民国家を超える課税主権を創出する試みとして注目すべきであろう。

「課税権力のグローバル化」のもう1つのルートが、「課税権力のネットワーク化」である。これは、現行の国家単位の課税権力を維持しつつも、経済のグローバル化に対抗して国際協調体制を深化させる途である。こうすることで、多国籍企業による租税回避に対抗する21世紀型の新しい課税権力、つまり「ネットワーク型課税権力」を創出することができる。その背景には、単独で多国籍企業の租税回避に立ち向かうのは困難だとの各国政府の認識がある。それゆえ彼らはいま、OECDを中心として世界約140か国の参加をえて「包括的枠組み(inclusive framework)」の場に集い、前例のない規模で租税に関する国際協調体制の構築を進めている。

「ネットワーク型課税権力」の生成

(1) 多国籍企業課税ベースの共有化(OECD「第1の柱」)(本章第2節)

(2) グローバル最低税率の設定(OECD「第2の柱」)(本章第3節)

(3) 以上(1)(2)を実行する前提条件としての租税情報の国際的な交換・共有

これは、10年前までなら考えられなかったことである。まさに課税権力が、国境の壁を越えようとしている兆しではないだろうか。

OECDを舞台として進められている国際課税ルールの見直しには、それが「第1の柱」にせよ、「第2の柱」にせよ、課税権力が国境の壁を越えようとする契機が垣間見える。本章の目的は、前章で説明したOECDのデジタル課税論議を、「ネットワーク型課税権力」創出の試みとして解釈し直し、その意義を明らかにすることである。

OECDの統合提案を、「ネットワーク型課税権力」の視点から評価すれば、どうなるだろうか。それは、新しい課税権力創出のために次の3点を実行する試みだと解釈できる。第1は、「多国籍企業課税ベースの共有化(第1の柱)」である。第5章で説明した通り、OECD統合提案では残余利益に限ってであるが、多国籍企業のグローバル利益をまず把握し、それを国別売上高に応じて各国に配分していく、トップダウン型の課税権配分の原理を採用する方向性が明確となった。これは、関係各国がこれまでのように多国籍企業の課税ベースを奪い合うのではなく、お互い共有する方向に進むことを意味する。国際課税ルールでいえば、「独立企業原則」から「定式配分法」へ向けての大転換が行われることを意味する。これが国際課税ルール上、いかに画期的なことであるかを以下、順次説明していきたい。

第2は、グローバル最低税率の設定(第2の柱)である。これもまた、画期的なことである。なぜなら、税率を上下に操作する権利は、国家の課税主権における中核的要素だからである。これまでは、グローバル化を背景として税率操作権を自由に行使する結果、各国が「租税競争」に巻き込まれ、莫大な税収を失うという矛盾に陥っていた。グローバル最低税率の設定は、この税率操作権に制約を加え、その下限を設定することを意味する。つまり、課税主権の自由な行使という特権を自ら放棄し、その代わりに租税回避を防止し、税収を確保する共同行動をとる点で、国際合意が形成されつつあるのだ。

第3は、租税情報の国際的な交換・共有である。多国籍企業の課税ベースの共有化、そしてグローバル最低税率の導入を行うためにも、関係各国間でのいっそう緊密な協力が必要になる。とくに多国籍企業のグローバル利益を確定させるには、各国政府が保有するその多国籍企業の情報を交換・共有することが必須になる。こうした国際協力が失敗し、各国間で情報分断が起きてしまえば、多国籍企業のグローバルな活動実態をつかむことは夢物語となる。

次の第2節では多国籍企業課税ベース共有化、つまり、国際課税ルールにおける独立企業原則から定式配分法への移行という方向性がなぜ打ち出されたのか、そして、それがいかに画期的なことなのかを説明する。さらに次の第3節では、図4-1で触れたOECDによる「第2の柱」としてのグローバル最低税率提案を説明し、その意義を議論することにしよう。

2 多国籍企業課税ベースの共有化
――「独立企業原則」から「定式配分法」へ

機能不全に陥る移転価格税制

ネットワーク型課税権力への移行としての「多国籍企業課税ベースの共有化」とは、いったい何だろうか。それは字句通り、関係各国が多国籍企業のグローバル利益という課税ベースを共有することを意味する。彼らは課税ベースを共有した上で、それを何らかの尺度(利益、売上、雇用者数、付加価値など)に基づいて各国間で分割する。各国政府は、自らに割り当てられた課税利益に対してのみ、課税権を行使できる。

このルールを実行するには、高い水準の協調・協力体制が必要となる。なぜなら、多国籍企業のグローバル利益を確定するには、多国籍企業が各国にもつ子会社の利益情報を集約しなければならないからだ。これを実行するため、多国籍企業グループには特定の会計基準の下で、連結財務諸表の作成が義務づけられる。もっとも、多国籍企業はそれぞれ異なった会計基準で連結財務諸表を作成しているので、当面は異なる財務諸表を比較可能にする工夫が必要になる。だが将来的には何らかの国際的な収斂、つまり、すべての国にとって受け入れ可能な会計基準の同定や所得・支出項目の調和などの措置が必要になる(OECD 2020a)。また、各国に配分する課税権を決定するには、利益をどう分割するかを定める客観的な基準が必要になる。その基準をめぐって、関係国間で国際合意を得ておく必要もある。

つまり、多国籍企業課税ベースの共有化を図ろうとすれば、最初からグローバル・ルールを定める必要があるということだ。これこそ、第4章で触れた「定式配分法」の考え方に他ならず、それはネットワーク型課税権力への移行と切り離すことができない。

では現在、国家間で課税権を配分するルールはどうなっているのか。それを担っているのは、移転価格税制における「独立企業原則」である。この原則の下では、自国にPEが存在し、その多国籍企業子会社に利益が発生していれば、排他的に課税権を行使できる。他国がどうあろうと、関係がないのだ。これはこれで明快なルールである。独立企業原則はそういう意味で、

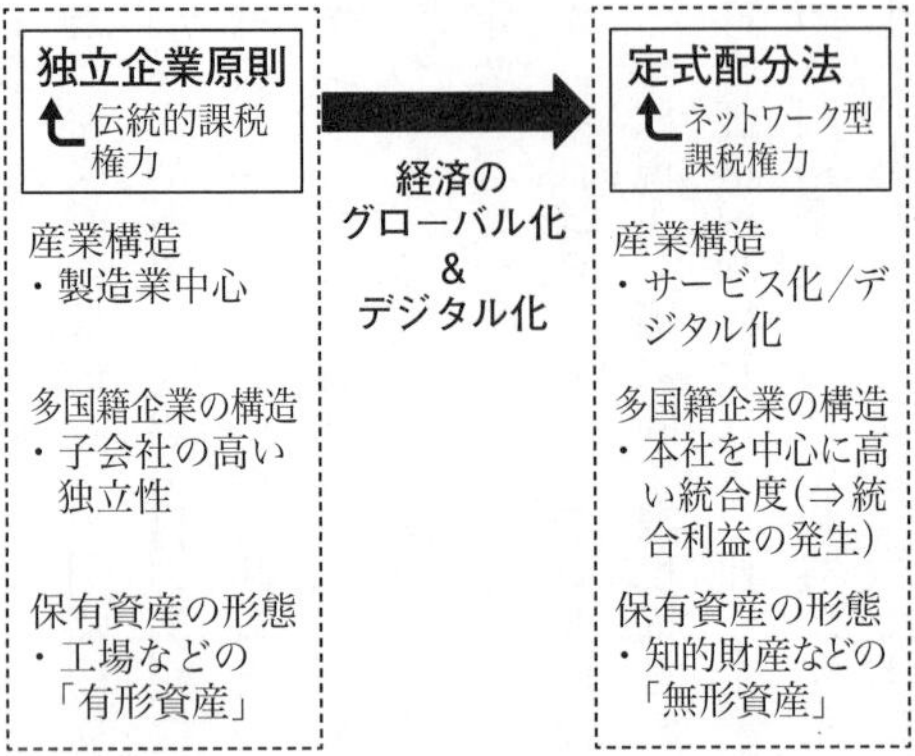

[出所]筆者作成.

図6-1　「独立企業原則」から「定式配分法」への移行

国民国家を単位とする伝統的な課税権力のあり方と、きわめて親和的である。

ところがいま、独立企業原則に基づく移転価格税制が機能不全に陥っている。その背景にあるのは、経済のグローバル化とデジタル化である(図6-1を参照)。機能不全の第1の要因は、グローバル化だ。多国籍企業はグローバル化に対応して、各国の子会社に高い独立を認めるかつての分散型ガバナンスから、本社が全世界の拠点を束ね、その統合度を飛躍的に高めた現代の集権型ガバナンスへと移行した。この結果、多国籍企業内部に「統合利益」が発生することになった。だが独立企業原則ではそれを把握し、課税利益として各国に配分することができない。

第2に、デジタル化に対応して多国籍企業の利益源泉は、工場などの「有形資産」から知的財産などの「無形資産」に移行した。その背景には、製造業からサービス業、デジタル産業への産業構造転換がある。移転価格税制は、この点でも機能不全に陥っている。なぜなら、無形資産の取引価格に関する客観的かつ透明性の高い市場価格(移転価格)情報を見出すのが、きわめて困難になっているからだ。

移転価格税制の機能不全を救うには、図6‐1に示しているように独立企業原則を放棄し、定式配分法に移行するほかない。実際、第5章で詳しくみたようにOECDのデジタル課税論議(「第1の柱」)では、多国籍企業の通常利益に対しては、引き続き独立企業原則を適用するものの、残余利益には定式配分法を適用する方向となった。全体としては独立企業原則と定式配分法のハイブリッド型となったが、部分的とはいえ初めて国際課税ルールに定式配分法の考え方が採用された点、画期的な変化である。

グローバル化／デジタル化という資本主義経済構造の変化は、課税権力のネットワーク化を不可避的に生み出す。「多国籍企業課税ベースの共有化」はその具体的な現れである。それは、国際課税ルールにおける「独立企業原則」から「定式配分法」への移行として、我々の眼前に現れるのだ。そのことを以下、具体的にみていくことにしよう。

多国籍企業統合の深化による「統合利益」をどう摑むか

1980年代以降、情報通信技術の発達、貿易・投資・金融の自由化、グローバル化・デジタル化の進展で経済的な意味での国境が崩れると、多国籍企業が現地子会社を統合的に運用するコストは劇的に低下した。この結果、多国籍企業グループは単一のグローバル企業として、緊密に統合された組織形態に移行し、個々の現地子会社の重要性は低下した(OECD 2015)。こうなると、もはや現地子会社は親会社から独立した存在とはいえなくなる。独立企業原則は、現実の反映というよりも「フィクション」に近くなる。

問題は、高度に統合された多国籍企業には「統合利益(integration benefits)」(例えば規模の経済、ノウハウ共有、シナジー効果、費用節約、金融上の節約など)が発生することだ(Kofler 2013; Olbert and Spengel 2017)。この利益は、多国籍企業がグローバルな単一企業として機能することで生み出されるものだ。ゆえに、独立した現地子会社が市場価格で取引した結果、生まれる利益をいくら足し合わせても、この統合利益には合致しない。

このことを図示したのが、図6-2である。この事例では、A国に本社を置く多国籍企業が、B国とC国にそれぞれ外国子会社(「子会社B」および「子会社C」)をもっていることが示されている。租税回避の防止、および課税権配分のために、本社と子会社間、あるいは子会社間の取引には独立企業原則が適用され、各社の利益が確定する。この事例では本社利益が１００億円、子会社Ｂは70億円、子会社Ｃは30億円の利益となり、それぞれに対してＡ国、Ｂ国、Ｃ国が課税権をもつことになる。独立企業原則の想定では、多国籍企業の全体利益は、本社と子会社の利益をすべて足し合わせた２００億円となる。

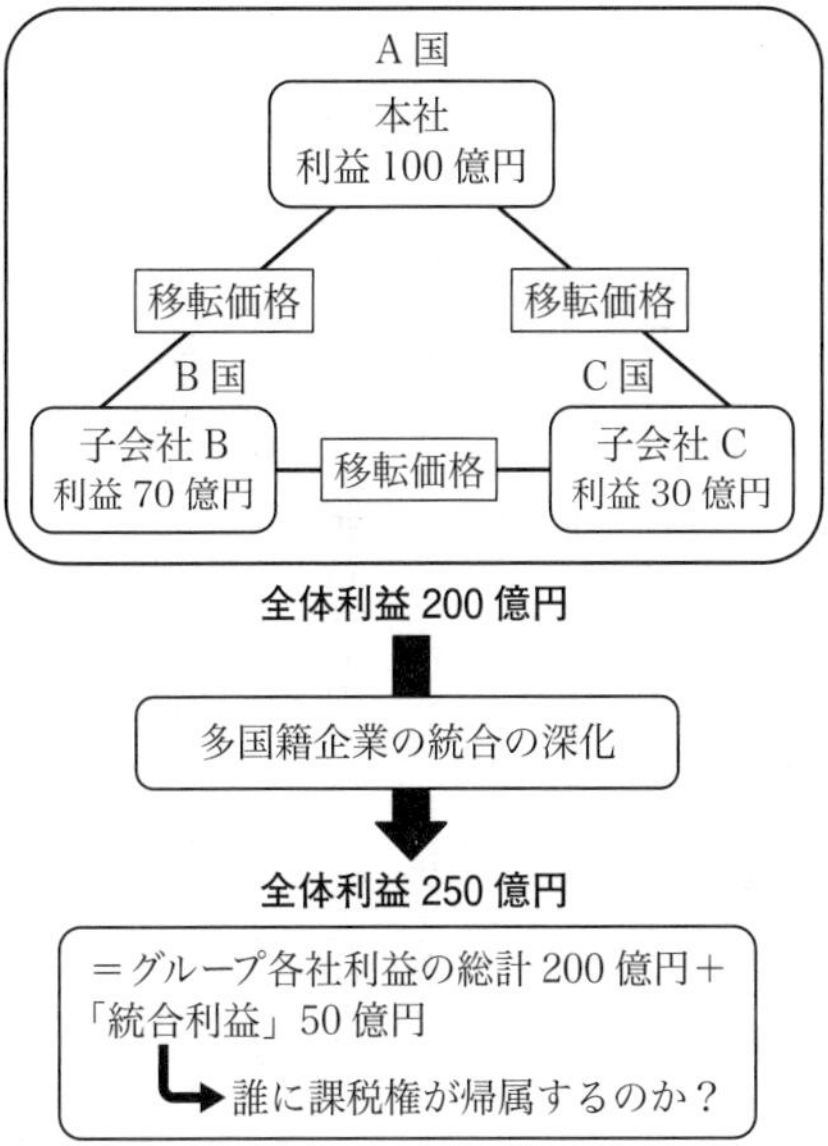

［出所］筆者作成.

図 6–2　多国籍企業の統合利益と課税権の配分

だが１９８０年代以降、グローバル化、貿易・投資・金融の自由化、情報通信技術の発達、流通の改善などによって、多国籍企業本社と外国子会社からなるグループ企業は、まるで１つの企業であるかのように統合的に運用することが可能になった。これにより、各社がそれぞれ負担していた費用や投資コストが共通化により削減され、規模の経済やシナジー効果も相まって、「統合利益」が生じることになった。図6-2の事例ではそれが50億円となっている。統合利益を考慮すれば、全体利益は200億円から250億円に増加することになる。

この統合利益50億円は、グループ個社のいずれにも帰属せず、グループ全体に属する利益となる。というのは、それはグループ個社ではなく、グループ全体の一体運用により生み出された利益だからである。統合利益50億円はこのため、独立企業原則を通じてグループ個社に配分し尽くせない利益部分として残る。結果として、この部分はいったいどの国の課税権に属するのか、という問いが発生する。

これは、独立企業原則の有効性に暗雲を投げかける事態である。いまや多国籍企業の真の利益は、独立企業原則に基づいて確定した世界各地の現地子会社の利益を単純に合算するだけでは把握できない。「統合利益」という、独立企業原則では摑むことのできない利益が存在するからだ。独立企業原則で多国籍企業のグローバル利益をすべて、子会社に配分し尽くせないなら、国家間での課税権配分原理としての独立企業原則の妥当性が問われる(江波戸 2012、第6章)。これに対してOECDは長らく、移転価格税制の微調整によって問題に対処しようとしてきた。近年ようやく、そうした弥縫策では根本解決にならないことを悟ったOECDは、ついに独立企業原則を超えて先へ進むことを宣言したわけである("go beyond the arm's length principle", OECD 2019c)。これは、国際課税原則における「革命的」な変化だといえよう。

恣意性を免れない無形資産の評価

移転価格税制に新たな課題を突き付けているもう1つの問題が、無形資産の評価問題である。市場で取引される無形資産はほとんどなく、独立企業原則を適用しようにも、参照すべき市場価格が見つからないからだ。移転価格は、多国籍企業グループの企業間で行われる取引に対して適用される価格であり、独立企業同士が市場で取引を行った場合に実現する比較可能な取引価格とされている。この「比較可能」という条件が、無形資産を取り扱う場合には満たされない可能性が高い。なぜなら、無形資産だけがその企業から切り離されて取引されると、価値を失ってしまうからだ。無形資産の特徴は、その高い固有性にある(Brauner 2008)。

もちろん、無形資産を評価する方法がないわけではない。具体的には、(1)「市場アプローチ」(当該無形資産が市場で取引された場合に取りうる価格を、比較可能な市場取引の価格によって評価する手法)、(2)「費用アプローチ」(その無形資産を生み出すのに必要とした費用でもって評価する手法)、(3)「所得アプローチ」(その無形資産が生み出す年々の利益の割引現在価値で評価する手法)の3手法がありうる。

（1）に関しては上述のように、そもそも市場で取引される無形資産がほとんどないので、実際には適用できない。（2）は、研究開発投資費用と人的資本投資費用を基礎とし、それらの費用に一定の公正報酬率を上乗せして無形資産の価値を推計する。この手法が有効なのは、多くの工業製品がそうであるように、かけた費用に比例して利益が発生する場合である。だが、大きな費用をかけてもまったく利益を出せなかったり、あるいはかけた費用に不釣り合いなくらい巨額の収益をもたらしたりするのが、無形資産の特徴である。

知識やアイディア創出の価値は、単純に労働時間や投入労働人数では測れない。こうした困難にもかかわらず、データの入手可能性から、このアプローチが利用可能な唯一の現実的な評価方法となることがしばしばあるという。

（3）は、それが試算可能なら、相対的にもっとも適切な評価手法だといわれている。無形資産が将来にわたって年々生み出し続ける価値（cash flow）に基づいて、無形資産のストック価値を推計しようという手法である。それが利益を生み出している限り、データも取得可能だ。「割引現在価値（Discounted Cash Flow: ＤＣＦ）法」と呼ばれるこの手法は、ＯＥＣＤの移転価格ガイドライン第6章でも、適切な評価手法の1つとされている。だが、現在の収益率が将来もそのまま継続すると想定して無形資産価値を算出するこの手法は、不確実な将来に対して大胆な仮定を置いて、仮想的な計算を行っているにすぎない。

問題は、以上のどの評価手法を選んでも、試算の前提に結果が大きく左右されてしまう点にある。客観的な市場価格を見つける本来の移転価格に比べ、無形資産評価は良く言えば「解釈の余地が大きい」し、悪く言えば「人為的な操作の余地が大きい」ということになる。つまり、その濫用による租税回避の可能性も、工業製品に比べれば格段に大きい。近年、多国籍企業による無形資産を用いた大規模な租税回避が大問題となっているのも、無形資産評価に付きまとうこうした恣意性ゆえであろう。

第3章第4節（43〜46頁）では、代表的な租税回避スキームとして、グーグルとスターバックスの事例を紹介しておいた。それらがいずれも、無形資産が絡む仕組みだったことを思い出して頂きたい。典型的には、将来大きな富を生むと多国籍企業が確信している無形資産であっても、その経済価値をきわめて低く評価した上で、タックス・ヘイブンに設立した名目的な子会社に格安で売却する。その後、その無形資産が巨額の富を生んだとしても、もはやそれはタックス・ヘイブンに帰属するので、本国政府からも、現地国政府からも課税されない。これが、無形資産を活用した典型的な錬金術である。本来、移転価格税制はこうした恣意的な価格づけを規制するために導入されたはずだ。だが多国籍企業にとって移転価格税制は、利益移転の隠れ蓑として用いることのできる、重宝する手段となっている。こうして移転価格税制は「問題解決のための手段」から、「問題そのもの」へと転化してしまったのだ。

ＯＥＣＤの立場の転回――「定式配分法」の否定から接近へ

以上説明してきた移転価格税制の問題を克服する有力な方法は、それに代えて「定式配分法」を導入することだ（Avi-Yonah et al. 2009; 江波戸 2012; 居波 2014; 伊藤 2015）。この方法の中身を再説すると、次のようになる。（1）まず多国籍企業の全体利益を把握し、（2）それを資産、雇用、売上という客観的配分要素に基づく定式を用いて（ＯＥＣＤ統合提案「第1の柱」の場合は売上）、子会社に利益を配分していく。（3）こうして子会社の利益が確定すれば、各国政府は自国に立地する子会社利益に対して課税する権利をもつ。

独立企業原則の下でならば、まず移転価格を用いて子会社の利益を確定させ、それらを足し合わせた総計が多国籍企業の全体利益となる点で「ボトムアップ型」だといえる。これに対して定式配分法は、まず全体利益を確定させ、それを定式によって切り分けて子会社利益を確定させていく点で、「トップダウン型」だといえる。

グローバル化した世界では、定式配分法が独立企業原則に対し、次のような優位性をもっている。第1に、まず多国籍企業の全体利益を把握するので、独立企業原則では捉えきれなかった統合利益を捉えることができ、それを課税ベースに含めることが可能になる。第2に、全体利益をつかむ過程で、タックス・ヘイブンや低課税国に移転された利益を把握し、同様に課税ベースに組み込むことができる。結果、多国籍企業は、これらの国・地域に利益移転を行う動機づけを失い、増収を見込むことができる。第3に、移転価格を推計するために無形資産価値の評価を行う必要はなくなり、それに付きまとっていた恣意性を避けることができる。そして第4に、各国が客観的な配分要素で合意できれば、二重課税を回避することができる。

他方、定式配分法には課題もある。第1に、客観的な配分要素は国際的に統一した形で定めねばならない点である。もし各国がそれぞれ異なった配分要素を採用することを許容すれば二重課税が起きてしまう。第2に、アメリカの州レベルの法人税で起きたように、各国が自国に有利なように配分要素を操作しようと相互に競う、「租税競争」が起きる可能性がないわけではない。OECDのデジタル課税提案で配分要素として「売上」が選ばれたのは、この点を見越して租税競争の生じる余地をあらかじめ封じておく意図がある。第3に、配分要素をどのように定めるかで各国の税収が大きく異なってくるので、国際的に統一的な配分要素で合意に達するのは、政治的に困難だという課題もある。

逆にいえば、定式配分法の採用で成功するためには、課税面における国際協力を大きく深化させて課税ベースを共有化し、それがもたらす税収上の変化について、国際合意をあらかじめ獲得することが必須となる。「独立企業原則」から「定式配分法」への移行は、こうして各国政府が独立企業の自国課税利益に個別に課税していくスタイルからの脱却を促す。多国籍企業のグローバル利益を各国がいったん共有し、それに対して協調的に課税し、その税収を分け合うスタイルへの変化である。

もっともデジタル課税論議に入るまでのOECDは、公式的には、定式配分法の採用に一貫して否定的な立場を貫いていた。ところがOECDはこうした公式見解とは裏腹に、独立企業原則が惹起する諸課題の解決に迫られて、実質的に定式配分法へ接近を図ってきた。彼らは2010年代に入ってグローバル化／デジタル化の下、独立企業原則を伝統的な形でそのまま適用するのは困難だと認めるようになった。OECDが、移転価格税制において「利益分割法(Profit Split Method: PSM)」のより広範な適用を推奨するようになった点に、この変化がよく表れている(Kofler 2013)。

実のところ、「利益分割法」は定式配分法にきわめて近似している。両者は、ほぼ同一だという専門家もいるくらいだ。多国籍企業のグローバル利益をまず確定させ、それを関連会社間に配分していくトップダウン的なプロセスをたどる点は、両手法に共通している。独立企業原則を左方の極端、定式配分法を右方の極端とした水平軸上で、「利益分割法」はギリギリ独立企業原則に属するが、限りなく右方の定式配分法に近いところに位置している、というとイメージして頂きやすいだろうか。

両者が異なっている唯一の点は、配分要素の決め方である。定式配分法では、「売上」など国際合意可能な配分要素を、任意に設定することができる。これに対して利益分割法では、多国籍企業グループに属する子会社がそれぞれ、機能、資産、そしてリスクの3点において、どれほど多国籍企業のグローバル利益に寄与したかを分析する。その上で、各子会社のグローバル利益への寄与度を割り出し、それに応じて各国に利益配分する。つまりあくまでも「客観的」かつ「市場で確定された」価格を見出そうと努力する点に、利益分割法の特徴がある。

だがOECDも認めるように、移転価格税制としてのこの方法を実行するには必要情報が膨大で、関連企業の比較分析を行うために会計システムの共通化も必要だ。定式配分法とは別の意味で、大変挑戦的な方法である(OECD 2018b)。わざわざ寄与度分析など行わず、なんらかの国際合意可能な任意の配分要素に基づいて課税権を配分する方が、よほどシンプルだとの指摘もある。これが、ＯＥＣＤのデジタル課税論議で、インドなど課税インフラが脆弱な新興国が、定式配分法の採用を求めた理由であろう。

以上、本節で強調したかったのは、実は最近までＯＥＣＤが強く独立企業原則の維持にこだわり、定式配分法の導入に抵抗していたという事実である。ところが彼らは、独立企業原則の限界に直面して、その立場を徐々に転回させていった。そして独立企業原則の枠内だが、限りなく定式配分法に近い「利益分割法」を２０１０年代に入って強く推奨するようになった。公式的には否定しつつも、実質的には定式配分法の一歩手前まで接近してきたことになる。

こうして定式配分法への道は、着々と敷き詰められた。この文脈を理解すれば、ＯＥＣＤが統合提案において、残余利益に限ってではあるが定式配分法の考え方を採用したことに、特段の驚きはない。にもかかわらず公式的には否定してきた定式配分法を、ＯＥＣＤがデジタル課税導入論議に際して自ら公式に提案した点は、大きな節目に違いない。これは、「多国籍企業課税ベースの共有化」へ向けての重大な一歩が踏み出されたことを意味する。

3　歯止めとしての「グローバル最低税率」導入提案

以上、「多国籍企業課税ベースの共有化」をめぐって課税権力の変容を論じてきた。以下では、税率面での課税権力の変容、つまりＯＥＣＤによるきわめて野心的な「グローバル最低税率」の導入提案をみていくことにしたい（OECD 2019c）。

経済のグローバル化／デジタル化に対処するＯＥＣＤの取り組みのうち、「第２の柱（Pillar 2）」は「グローバル最低税率」の導入を行う提案となっている。第２の柱は、多国籍企業による低課税国への利益移転を通じた租税回避に対し、税率面から手を打つことを狙いとする（図4-1参照）。「グローバル税源浸食（Global Anti-Base Erosion: ＧｌｏＢＥ）」と名づけられたその提案は、以下の４つの構成要素からなっている。

(a)所得合算ルール（income inclusion rule）　外国子会社や海外支店の所得に適用される実効税率が最低税率未満であれば、課税を行うべきである。

(b)過少課税支払ルール（undertaxed payments rule）　もし、関連者への課税支払いが最低税率以上となっていない場合、控除否認もしくは子会社の立地国（源泉地国）での課税を実施すべきである。

(c)スイッチオーバールール（switch-over rule）　ＰＥに帰属する利益や（ＰＥを構成しない）不動

産から引き出される利益が最低税率未満でしか課税されていない場合に、居住地国に対して免除方式から税額控除方式への移行を許容する。

(d)課税対象ルール(subject to tax rule)　関連者への課税支払が最低税率に満たない場合に、特定の所得項目に関して租税条約上の特典を調整したり、子会社の立地国での源泉課税その他の課税を行うことで、過少課税支払ルールを補完する。

以上の「グローバル税源浸食(GloBE)」提案の背景にある考え方は、次のようなものである。すなわち、(1)多国籍企業の利益は、必ず世界のどこかで一度は課税に服さなければならない(single tax principle)、(2)そしてその税率水準は、グローバル最低税率を下回ってはならない、以上2点である。

かつて国際連盟下で国境を超える所得の課税ルールが議論された時代は、同一の所得源に対して各国が課税権を重複して主張する「二重課税」が課題であり、それをどう回避するかが、国際課税論の主要問題の1つだった。ところが現在は、いかに「二重非課税」を防ぐかが、最重要課題として浮上している。

もし、「第2の柱」におけるGloBE提案が実現されれば、多国籍企業が世界でどのように所得移転しようとも、必ずその全体利益に対して最低税率以上で課税されるため、租税回避の「うまみ」は大幅に縮小する。同時にそれは、自国に投資を誘致するために租税競争に走っている国々への警告ともなっている。この提案によりＯＥＣＤは、１９８０年代以来の際限のない租税競争に終止符を打ち、各国に対して課税上の「競争」状態から「協調」状態へと転じるよう促しているのだ。

とはいえ、こうした新しいルールは、現行ルール下で恩恵を受けてきたタックス・ヘイブン国／低課税国からの激しい反発を招く可能性が高い。これまでは、課税ベースと税率をいかように設定しようとも各国政府の自由であり、その決定権は国家主権に属すると考えられてきたからだ。だが経済のグローバル化／デジタル化は、課税ベースと税率水準の決定を自由放任にしておくことが、租税回避などいかに大きな副作用をもたらすかを明るみに出した。そこでＧｌｏＢＥ提案はきわめて野心的なことに、各国の税率決定権に踏み込み、最低税率を下回る課税が行われることのないよう、グローバルな次元で税率ルールの共通化を図ろうとしているのだ。

課税権はこれまでもっぱら国家主権と結びつけて理解されてきたが、上述した「独立企業原則」から「定式配分法」への移行、そして「グローバル最低税率」提案にみられるように、国際課税ルールはより国際協調を緊密化し、ルールの共通化を図る方向へと傾きつつある。20世紀までは、課税権の行使は国家の排他的権利だったが、21世紀の課税権は、より国際協調的な形で、しかも共通ルールに沿う形で行使されるようになっていくはずである。

以上、OECDの国際課税ルール論議を通じておぼろげながら見えてきたのは、「多国籍企業」という形で企業が国境を越える経済活動を活発化させ、租税回避を激化させてきたのに対し、国家の側も国際課税ルールの共通化という形で国際協調を進めることで対抗し、租税回避を封じ込めようとしている、という構図である。これは、国家こそが課税主権の唯一かつ排他的な主体であるという、19世紀以来の国家観からの脱却をも意味する。

つまり、多国籍企業に対抗するために国家はようやく、グローバル次元で相互に協力し合うことのメリットを理解し、情報交換を緊密に行いつつ課税ベースと税率で共通化を図る方向に大きく舵を切ったと言える。これは、国家の否定や消滅を意味するわけでも、世界政府の成立を意味するわけでもない。国家は厳然として存在するし、今後もそうだろう。重要なのは、自己完結的な課税権力から脱却し、「ネットワーク型課税権力」の樹立に向けて国際社会が真剣に取り組み始めた点にある。私たちは、「課税権力のグローバル化」が進行しつつあるのを目撃しているのであり、それはまさに、「課税権力の新しい形」の模索に向けた、新たなプロセスの始まりに他ならない。

4 「課税権力の新しい形」をめぐる攻防

だが、物事は単線的に進まないのが歴史の常である。ＯＥＣＤのデジタル課税論議にも、(少なくとも本書執筆時点で)暗雲が垂れ込めてきた。２０１９年12月に突然、アメリカ財務省のムニューシン長官がＯＥＣＤに送付した書簡で「適用除外(safe harbor)」の規定を設けるよう提案したためだ。企業がＯＥＣＤのデジタル課税の下に服するか、それとも現行の課税方式の下に留まるか、選択できるようにすべきだというわけである(*Bloomberg Daily Tax Report*, December 9, 2019)。これが認められるならば、ＯＥＣＤ提案が事実上「骨抜き」となる。２０１８年夏に「マーケティング無形資産」提案を行ってデジタル課税論議に生命力を吹き込んだアメリカだが、今度はそれに水を差す行動に出たのだ。

書簡は、現行のＯＥＣＤ提案が議会の承認を得られそうにないことを示唆しつつ、それが独立企業原則とＰＥルールから大胆に離れようとしていることに「重大な懸念」を表明している。これは、ＯＥＣＤの画期的提案に対して「あまり出過ぎるな」と警告を発していることを意味し、国際課税ルールの根本的な見直しに反対する勢力からアメリカ政府が強い圧力を受けている証左とみられる。

その背景には、現在の課税ルールに慣れた製薬業界などが、新ルールに難色を示しているという事情があり、アメリカ政府が議会での審議を見据え、反対派企業に配慮した結果だとの報道がある(日本経済新聞、２０２０年1月26日朝刊)。また２０２０年11月の大統領選を前に、巨大企業が課税回避へ強烈なロビーイングをかけているとの報道もあり、大統領選前の交渉進展が見通せなくなってきている(日本経済新聞、２０２０年6月4日朝刊)。

さらに２０２０年6月には、米通商代表部(ＵＳＴＲ)のライトハイザー代表が、「ムニューシン財務長官はデジタル課税をめぐるＯＥＣＤの国際交渉からアメリカが撤退することを決めた」と下院歳入委員会で証言した。フランス、イタリア、スペイン、イギリス各国の財務大臣宛の6月12日書簡の中で、ムニューシン長官は「交渉が行き詰まって」おり、「各国が(新型コロナウイルス感染症による)公衆衛生問題への対応に集中できるよう交渉を一時中断すべきだ」と提案しているという(*New York Times*, June 17, 2020)。ここに至って、アメリカの後退姿勢は鮮明になってきた。

これに対してフランスのルメール経済・財務大臣は、アメリカの行動は「すべてのＯＥＣＤ

パートナーへの挑戦であり、米国の同盟国への挑戦でもある」と批判した。ルメール大臣は、2020年内の合意に至らなければ、フランス独自のデジタル課税を実行に移すと各所で繰り返し表明していたが、同年10月に国際合意が21年半ばに先送りとなったことを受けて、20年12月に課税を再開する方針を表明した。

OECD提案で国際合意が成立しなければ、フランスだけでなく、現在デジタル課税を検討中の他の国々も次々と独自に課税を実施に移すだろう。それに対してアメリカが報復関税をかけるといった事態になれば、泥沼の貿易戦争に突入することになる。

サンタマンOECD租税政策・税務行政センター局長は、実務レベルではアメリカは依然として交渉に参加しており、「第1の柱」に関してはいくつかの技術的問題が残っているものの、ほぼ解決が見えており、国際合意に近づいているとの見通しを語っている。これに対して「第2の柱」の方は、その適用範囲をめぐって政治的合意が整う環境になく、遅れが生じそうだと述べている(*Bloomberg Daily Tax Report*, June 25, 2020)。

他方、「第1の柱」がアメリカの反対によってこの先数か月は議論に進展が見込めない中、「第2の柱」に脚光が当たる可能性を指摘する報道もある(*Bloomberg Daily Tax Report*, June 23, 2020)。なぜなら、ムニューシン長官が上記書簡で「アメリカは「第2の柱」に関して合意に達するという目標を完全に支持する」と表明しているからだ。

興味深いのは、OECD提案によってもっとも影響を受けるはずのGAFAトップが、デジタル課税への支持を表明している点である。アップルCEOのティム・クックは、「グローバルな法人税体系が刷新されねばならないことは誰もが知っている」とした上で、「OECDが（代替となる）何かを見出すことに私は期待をもっているし、楽観的だ」「多国籍企業がどのように課税されているのかを知るのは複雑だが、我々はそれが、公平であることを切に望んでいる」としてOECDで進行する議論に期待を寄せている（*Reuters*, January 20, 2020）。

フェイスブックCEOのマーク・ザッカーバーグもまた、グローバル・デジタル課税を創出しようとする試みを支持すると明確に表明している。「我々は、OECDのプロセスが成功することを望んでいるし、そうすることで安定的で信頼できるシステムが前進する」「もちろん我々は、新しい仕組みの下でいままで以上に多くの税金を、世界の様々な場所で負担することになることを知っている」とまで述べている（*Aljazeera*, February 15, 2020）。

グーグルCEOのスンダー・ピチャイは、ロイターのインタビューに答えて、OECDで議論されているデジタル・サービス課税に関する多国間枠組みでの課税方法を支持すると答えている。彼は、「OECDの枠組みを信頼することが重要だ」とした上で、OECDのアプローチこそが「正しいアプローチだ」と指摘している（*Reuters*, July 13, 2020）。

アメリカ政府は、ＯＥＣＤ提案がアメリカの大手デジタル企業を狙い撃ちする不公平課税だと批判しているのだが、実のところ、その当事者であるＧＡＦＡのトップはむしろ、ＯＥＣＤ提案を高く評価しており、政権の姿勢とは乖離がある。アメリカ政府は、何を背負って、とりわけ「第1の柱」に反対しているのだろうか。ＧＡＦＡのＣＥＯによる上記発言はむしろ、「第1の柱」を実行することが課税の公平性、安定性につながること、そして、グローバルな法人税改革に協力することが彼ら自身にとっても、国際社会から信頼を勝ちえる途であることを十分に認識していることを窺わせる。

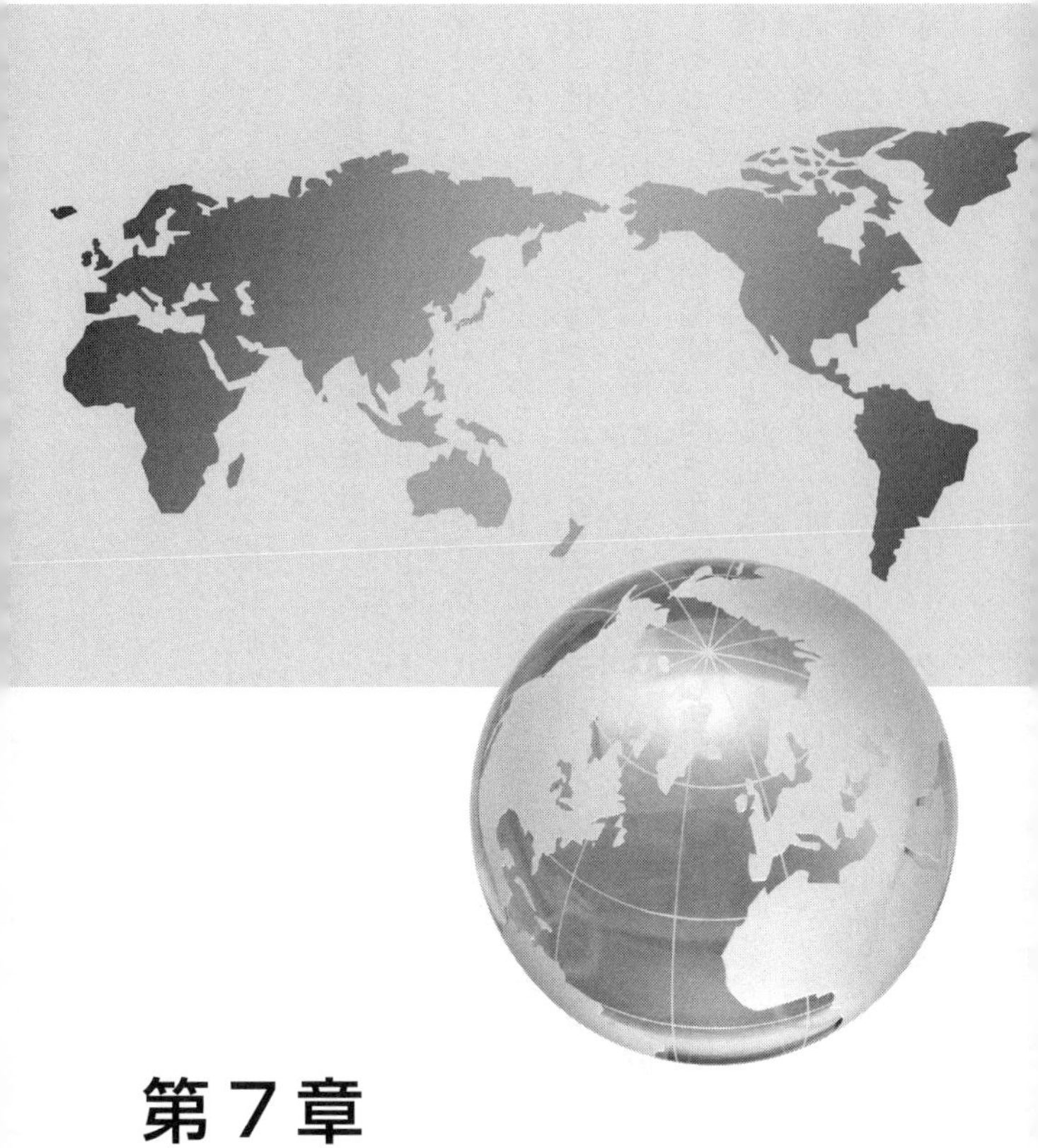

第７章

ポスト・コロナの時代のグローバル・タックス

1　新型コロナウイルス感染症がもたらした衝撃

国際協調の難しさと「国際公共財」

２０１９年末に中国の武漢市で発生し、またたく間に世界に拡大した新型コロナウイルス感染症は、本書執筆時点で、世界中で３６００万人以上の感染者と１００万人以上もの死者を出し、現在もなお拡大中である。都市封鎖など厳しい経済活動の抑制が行われた影響で、世界経済は「世界大恐慌以降で最悪」(IMF 2020)といわれる経済危機に陥った。しかも短期で終息との期待を裏切り、むしろ第2波、第3波を警戒しつつ、年単位での取り組みを要する事態に発展しつつある。世界保健機関(World Health Organization: ＷＨＯ)が「パンデミック(感染症の世界的大流行)」と認定したこの感染症は、我々の社会に深い爪痕を残し、経済社会を大きく変革させる契機となるだろう。本書の主題である「グローバル・タックス」にとっても、この感染症は様々な教訓をもたらし、そのテストケースとなることは間違いない。本章では以下、この感染症による衝撃が今後、グローバル・タックスにどう影響を及ぼすかをみていくことにしたい。

世界的大流行となった感染症と闘うためには、今まで以上に国際協力が求められる。そもそも近年、ＳＡＲＳ（重症急性呼吸器症候群）など感染症がたびたび世界的に大流行する背景には、世界人口の爆発的な増加で農地拡大や都市化が進み、森林伐採によってウイルスをもつ野生生物と人間が接触する可能性が高まったという事情がある。さらに、グローバル化により国境を越える人の移動が激増したため、ウイルスが瞬時に国際的に拡散するようになった。新型コロナウイルス感染症は、まさにこうしたグローバル化の産物だといえる。これに有効に対処するには、情報共有、治療、ワクチン、財源調達などで、各国が国際的に緊密に連携する必要性が、以前にも増して高まっている。

だが、まさにその瞬間に我々が目にしているのは、前例のないほど激化した米中対立である。とくにアメリカのトランプ大統領は、自国での感染拡大を効果的に防ぎえなかった失政の責任を、中国とＷＨＯに転嫁しようとしている。彼は、パンデミックの発生に責任ありとして中国政府を強く非難するとともに、ＷＨＯがその中国に支配されているとして、そこからの米国脱退を表明、国際社会に衝撃を与えた。

元来、アメリカはＷＨＯの創設にあたって多大な貢献をしただけでなく、天然痘の根絶事業やエイズ撲滅事業においても、国際的なリーダーシップを発揮してきた。政府のみならず市民社会組織や製薬会社の協力をえて国際協力の枠組みを形成、資金調達の国際枠組みも主導するなど、自国の圧倒的な資金、人員、ワクチン、国際ネットワークを投入して国際保健のために大きな成果を上げてきた。ＷＨＯを軸とする国際保健体制は、アメリカが主導した戦後のリベラルな国際秩序における主柱の１つですらあった(詫摩 2020)。

こうした良き伝統をもつはずのアメリカが、トランプ大統領の下で大きく変質した。科学を軽視して自国の感染拡大に対して有効な手を打てなかったばかりでなく、グローバルな感染拡大を抑止するための国際協力にもきわめて冷淡である。デニス・キャロル元アメリカ国際開発局新興感染症室長は、トランプ政権によるＷＨＯ脱退方針が問題の解決にならないと批判した上で、「今後、新型コロナウイルスは医療水準が脆弱で貧困層が多い国々にも広がり、さらに厳しい事態も予想されます。しかし、トランプ政権はこうした国々を支援する必要性について、完全に沈黙しています。米国に代わって真の指導力を発揮している国もなく、非常に残念に思います」と現状を憂いている(朝日新聞、２０２０年5月28日朝刊)。いまもっとも国際協力が必要とされているその瞬間に米中分断はますます深まり、アメリカはリーダーシップを発揮しようとせず、それに代わる国も現れていないのが現状だ。

治療薬とワクチンを国際公共財に

だが他方で、国際的な連帯がかろうじて存在していることを示す象徴的な出来事もあった。2020年4月の国連総会では、「国際公共財(global public goods)」という文言こそ明示的に用いられなかったものの、感染症に対する治療とワクチンへのアクセスが、万人に対して廉価な価格、もしくは無償で保障されるべきだという考え方が明記され、それを実現する国際協力の必要性が謳われた。つまり、治療薬とワクチンの供給を完全に市場に委ねてしまうのではなく、何らかの公共的な枠組みの下で、公平なアクセスを可能にする国際公共財の考え方が実質的に打ち出された点は、大きな成果だ(United Nations, Seventy-fourth session, *Resolution adopted by the General Assembly on 20 April 2020*)。先進各国政府が自国優先でワクチンを確保するため、製薬会社との交渉に血道を上げている今だからこそ、こうした決議が行われたことの意義が強調されねばならない。

国際公共財とは、公共財としての性質を備え、その便益と費用負担が国境を越えて国際的な空間的広がりをもつ財を指す。公共財としての性質とは、(1)対価を払わないからといって消費から排除されることはないこと(非排除性)、(2)他の消費者がその財を消費しているからといって、自らの消費が排除されるわけではないこと(非競合性、等量消費)、を意味する。典型的には、国際通貨システム、国際的な安全保障、自由貿易体制などが国際公共財の実例として挙げられる。

では、国際保健は国際公共財なのか。WHOを中心とする国際保健体制そのものは、たしかに国際公共財だといえるだろう。WHOが担う機能――保健衛生分野の広範な政策的支援や技術協力の実施・援助、伝染病や風土病の撲滅、国際保健に関する条約、協定、規則の提案、勧告、研究促進、食品・生物製剤・医薬品等に関する国際基準の策定――がもたらす便益は、国境を越えてグローバルに広がる。

その費用は、194加盟国の義務的分担金(GDPの一定比率で定められる)に加えて、彼らの自発的拠出金によって賄われ、こちらも広く国境を越えてグローバルに費用分担されている。WHOが担う機能がもたらす便益は、国境を越えて広く帰着し、非排除性・非競合性を満たしつつ誰もが享受できる。その費用は公的な資金(その財源は各国の租税財源)によって国際的に広く分担されている。まさに、国際公共財である。

だが、いま論点となっているのは「国際公共財としてのWHO」を超えて、現在は私的財として取り扱われている感染症の治療薬とワクチンを国際公共財として取り扱い、それを実現するための体制と財源を整備できないか、というものである。こうすることで、感染症とワクチンへの万人の公平なアクセスを保障すべきだ、というメッセージを国連総会決議は発しているのだ。

２０２０年5月19日に初のバーチャル会議として開催された世界保健総会でも、感染症に対する治療薬とワクチンを「国際公共財」として捉えることに、多くの国々から支持表明がなされたという(Patnaik 2020)。だがここでも決議案をめぐって、それを主導した欧州諸国とアメリカの間で亀裂が生じていた。

焦点は、感染症の治療薬・ワクチンの知的財産権をどのように取り扱うかであった。新型コロナウイルス感染症を防ぐ有効打が今のところ存在しないため、治療薬・ワクチンの開発が成功するまでは、社会的距離を保ち続けるしかない。世界がそれらの開発成功を待ちわびる中で、世界中の製薬会社、大学、研究機関が開発にしのぎを削っている。

彼らの開発への動機は何か。第1はもちろん、人類の健康の維持に貢献することの大義であろう。だが第2の動機は、それがもたらす巨大な利潤である。彼らの利潤を保障するには、治療薬・ワクチンに関する知的財産権が厳格に保護され、治療薬・ワクチンの販売が大いなる利潤をもたらすのに十分高い価格を彼らが付けることを許容しなければならない。だがそれでは、先進国の貧困層や途上国の人々が、廉価でそれらを利用することができなくなってしまい、まさに「命に値段が付く」状況になってしまう。

知的財産権の保護か、万人のアクセス保障か

そこで議論されているのが、知的財産権の「強制実施権(compulsory licensing)」である。これは、例えば途上国政府がこの強制実施権を行使することで、治療薬・ワクチンの特許が保護されている期間中であったとしても、そのジェネリック版(後発医薬品)の開発・販売を許容し、途上国の人々が廉価で治療薬・ワクチンを利用できるようにする措置を意味する。これは、1995年に世界貿易機関(World Trade Organization: WTO)の一環として発効したTRIPS(Trade-Related Aspects of Intellectual Property Rights)協定において明確化された。さらに、2001年の「TRIPSと公衆衛生に関するドーハ宣言」において、国家的な緊急事態とは何かを決定する権限が各国政府にあること、その下で、各国政府は強制実施権を行使する権利をもつことが確認されている(Doha WTO Ministerial 2001, *Declaration on the TRIPS Agreement and Public Health*)。パンデミック発生を受けた2020年5月の世界保健総会決議案では、合計3か所でこのTRIPS協定およびドーハ宣言への言及がなされ、感染症治療とワクチンに対して万人による公平なアクセスが保障されるべきだとの文言が明記された。

これに対してアメリカは、大いなる懸念を表明した。アメリカは当初、決議案がTRIPS協定およびドーハ宣言に触れることを、「製薬会社による治療薬とワクチンの開発に対して誤ったメッセージを発することになる」として極度に嫌い、該当の文言を決議案から削除しようとさえした。しかし、それがうまく行かないと悟ったアメリカは戦術を変更し、「イノベーションに経済的動機を与えること（incentivizing innovation）」の重要性に関する文言を挿入することで、決議案の内容を「中立化」することを狙った。

つまりアメリカは、米国製薬会社の利益のことを心配していたのである。途上国政府に強制実施権を行使されてしまうと、ジェネリック製品が大量に出回り、アメリカの製薬会社の利益は大幅に損なわれる。利益が出ないと、巨額の研究開発費を負担して治療薬やワクチンを開発する動機が失われてしまう。したがって、知的財産権はしっかり守られるべきだし、ジェネリック製品を許容する強制実施権の行使は控えられるべきだ、というのがアメリカの立場である（United States of America, *Explanation of Position "COVID-19 Response" Resolution*, Written Statement）。

最終的にアメリカの試みは欧州諸国やアフリカ諸国の反対にあってうまく行かなかった。だがここに、治療薬とワクチンを国際公共財と位置づけるか、それともあくまでも私的財として位置づけるかといった、根本的に相対立する立場を見出すことができる。たしかに、製薬会社がその巨額開発費を回収するのに十分な収益を上げられなければ、治療薬とワクチン開発への動機は失われてしまう。かといって、コスト回収を超えてどこまで製薬会社は儲けることが許されるのか。治療薬とワクチンへの需要は潜在的にきわめて大きいため、十分な競争原理が働かない限りきわめて高い価格づけも可能で、その場合には世界中で巨額利益が製薬会社にもたらされるだろう。他方、先進国の貧困層や途上国の人々は購入を断念せざるをえず、彼らにはその恩恵が届かないといった事態も懸念される。こうなると、我々はパンデミックを抑えることに失敗する。

「国際公共財か私的財か」、「製薬会社の利益保障」か「万人による公平なアクセス保障」かといった対立状況を克服する手法はないのか。上述の強制実施権は、万人による公平なアクセスを保障するために、緊急事態下の例外的状況において、途上国政府が自国に限って知的財産権の保護を緩めることを認めるものだ。だが、アメリカがこれに反発するのは、損失を被る製薬会社に対する経済的補償がないからだ。この点を克服し、対立軸を超克する1つの方法が、「グローバル・タックス」の導入である。なかでも「国際連帯税」と名づけられた租税は、市場価格で治療薬とワクチンを政府など公的機関が買い上げ、それを廉価／無償で途上国に供給する仕組みを支えるための財源調達手段として位置づけられる。市場価格での購入であれば、製薬会社に損失は発生しない。他方、途上国の国民には廉価／無償で治療薬とワクチンが供給される。だが、その差額を埋める財源はどうやって調達するのか。それが実は、国際連帯税の役割である。

次節では、国際公共財の供給を支えるグローバル・タックスの仕組みについて、より詳しく説明することにしよう。

2　国境を越える課題とその財源調達
――グローバル・タックスの理念と可能性

なぜグローバル・タックスなのか

グローバル・タックスとは、EUや国際連合などの超国家機関が課税したり、あるいは複数の国々が共同して統一的な課税スキームを実施したりするなど、国民国家を超える新しい枠組みで導入されるグローバル次元の租税を意味する。

これは、2つのタイプに類型化できるだろう。第1は、現行の国民国家の枠組みを前提としつつも、各国が共同して共通課税ベースの租税（国際航空券税、炭素税、金融取引税などが考えられる）を導入し、その税収の全部あるいは一部をプール化して、パンデミックのような国境を越える共通課題解決に充てる財源とする形である。第2は現行の国民国家の枠組みを超えて、国連などの国際機関やEUなどの超国家機関が独自の課税権をもち、国境を越える経済活動に対してグローバル・タックスを導入、その税収をこれらの組織の独自財源とする形である。

グローバル・タックスは、厳密な意味ではまだ導入されていないが、こうした財源調達手段の導入が国際的に議論されている背景要因として、以下の点を挙げることができる。

第1は、パンデミックや気候変動問題に典型的にみられるように、国境を越えるグローバルな課題が出現し、それを解決するために国際社会が共同で資金拠出を行う必要性が高まっているためである。これは、上述の「国際公共財」の供給とその財源調達の仕組みを構想することに他ならない。

第2に、グローバル化の進展にともなって南北間格差が拡大しており、最貧国の支援、つまりグローバルな再分配機能を強化する必要性が高まっている。グローバル・タックス提案の多くが、先進国から途上国への資金移転メカニズムをその提案内容に含んでいる点に、このことが反映されている。

第3に、国境を越える経済活動のうち、負の影響を与える活動を制御する（「外部不経済を内部化する」)政策手段が求められているという事情がある。例えば2000年代には、国境を越える投機資金で資産価格が高騰、2008年秋にリーマン・ショックをきっかけとする金融危機が起きると、バブルが崩壊して世界経済は深刻な不況に陥った。この結果、後の項でみるように国際的な投機的資金による負の影響を制御する政策手段として「金融取引税」(あるいは「トービン税」)の導入が求められるようになったのだ。

炭素税も同様である。経済活動が引き起こす温室効果ガス排出の結果として、気候変動問題が年々顕在化し、自然環境のみならず経済活動にまで悪影響を及ぼすようになっている。気候変動問題も国境を越えるグローバル課題であり、炭素税はその原因としての温室効果ガスの排出行為を、課税によって抑制する目的で導入される(外部不経済の内部化)。

金融取引税も炭素税も、もちろん各国が単独で導入可能だが、国際的な資本移動により引き起こされる金融危機や気候変動問題は、本質的にグローバルな共通課題であり、各国が単独で行動するよりも共同対処に訴える方が、より効果的な問題解決が可能となる。

第4に、グローバル化で国家が課税権力を部分的に喪失しつつある点に求められる。本書第1章でも論じたように、グローバル化により各国は「租税競争」にさらされ、税率や課税ベースの自主的な決定権を実質的に失いつつある。また、多国籍企業による「税源浸食と利益移転

（ＢＥＰＳ）」にもさらされて各国は有効な手を打てず、第２章でみたように各国政府は単独で多国籍企業に立ち向かうのが困難な状況に陥りつつある。ようやく２０１２年以降、ＯＥＣＤおよびＧ20の場でＢＥＰＳ問題に取り組む場が創設され、各国間で租税協調を促し、徴税協力や課税情報の交換が進められるようになった。

以上の問題に対しては、２つの対処法が考えられる。第１は、第４〜６章のデジタル課税論議に即してみたように、現行の国民国家を前提としながらも、より緊密な国際協調体制を構築することで国際課税ルールを刷新し、問題解決を図る現実的なアプローチである。

第２は、超国家機関か多国間協力によって国境を超える課税主権を創設し、新しい課税主権によってグローバル次元の課税を実施するアプローチである。「グローバル・タックス」の意義は、まさにこの第２のアプローチの文脈の中でこそ正確に位置付けることができる。たしかにグローバル・タックスの考え方は理想主義的で、その実現は短期的には難しい。だがつねにその構想は磨かれ、可能性が模索されるべきだろう。実際、過去にもさまざまな検討や提案がなされてきた（Frankman 1996）。

本章ではこれまで、グローバル・タックスという用語を特に定義せずに用いてきたが、ここでその定義を与えておくことにしたい。ここでは、以下３つの点でグローバル性をもつ租税のことをグローバル・タックスと定義する。その第1要件は、課税対象となる経済活動が国境を越えていることである。第2要件は、その税収の一部または全部が国際公共財供給のための財源調達手段としての側面をもっていることである。最後に第3要件として、課税主体が単一の国家ではなく、複数の国が共同して課税するか、あるいは超国家機関/国際機関が課税する租税だという点を挙げることができる。

現在のところ、これら3つの要件をすべて満たす真の意味でのグローバル・タックスはどこにも存在しない。しかし、経済のグローバル化につれてグローバル性をもつ租税の必要性は高まる傾向にあり、そのことがグローバル・タックスへの世界的な関心の高まりにつながっている。とはいえ現実にそれを設計し、実施しようとするとさまざまな困難に直面する。そこで以下では、グローバル・タックスの数少ない実践事例の1つとして、フランスなどによる国際連帯税を取り上げたい。この税は、まさに途上国における感染症対策の財源調達手段として導入されたため、新型コロナウイルス感染症に直面する我々にとっても、貴重な示唆を与えてくれる。

「国際連帯税」という試み――パンデミック対策財源として

国際連帯税はフランス政府によって最初に導入された税であり、その名称は税収が途上国の感染症対策に充てられることに由来する。その課税面では実質的に航空券税となっており、２００５年12月にフランス議会で承認され、２００６年７月１日から実施されている。

具体的には、乗り換え客を除き、フランスから航空便で出発するすべての乗客が課税対象となる。この税は、フランスに到着する限りで国際航空という国境を越える経済活動に対して課税している点、そしてその税収が国際機関（ＵＮＩＴＡＩＤ：国際医薬品購入ファシリティ）を通じて途上国の感染症対策（エイズ、マラリア、結核など）に用いられている点で、上述のグローバル・タックスとしての第１要件と第２要件を部分的には満たしている。

ただしこの税は、フランスをはじめとする世界10か国程度が個別に実施しているのであって、共通の制度設計の下で共同課税されているわけでも、超国家機関によって課税されているわけでもない。したがって第３要件についてはまったく満たされていない。ところで国際連帯税が、なぜ航空便への搭乗に対する課税、具体的には航空券課税の形式をとって導入されたのか、疑問に思われる読者も多いであろう。しかも、国境を越える経済活動は他にもあるにもかかわらず、なぜ航空便のみが狙い撃ちされたのだろうか。

この点でフランス政府は、航空便が環境に対して負の影響（CO_2の排出など）を与えているにもかかわらず、相対的に低水準の課税しかなされていないとの根拠を挙げる。実際、国際航空に対しては国家の課税権が及ばず、北欧諸国の炭素税でも、その課税対象外とされてきた。それに加えて航空産業がグローバル化の恩恵をもっとも受けて成長している産業であることを踏まえ、そこに新しい担税力を求めることができるとフランス政府は考えたのであろう。

表7-1　国際連帯税の税率

	エコノミークラス	ファースト／ビジネスクラス
欧州域内便（全航空便の70%）	€1	€10
欧州域外便	€4	€40

［出所］筆者作成.

課税は航空交通に限定されるので逆進性を回避できるほか、表7-1にみられるように、エコノミークラスよりもファーストクラス、ビジネスクラスに重課することで、より応能的な課税を試みようとしている点は興味深い。さらに、航空券の発券業務に依拠して課税できるため、課税技術上、実施は容易だとしている。最後に、税負担が小さいために、課税によって航空客を減少させることはないとフランス政府は主張している。

国際連帯税の税収は、途上国でもっとも深刻なエイズ、マラリア、結核などの感染症対策として治療薬の購入に充てられる。これらの薬剤は、あまりにも高価で途上国の人々が利用できないことが、これまで問題とされてきた。そこで製薬会社と長期契約を結んで彼らに安定市場を提供すれば、薬剤を安価に購入できるという。フランス政府は国際連帯税を、グローバル化による南北間格差拡大に対処するための再分配政策手段としても位置づけているので、薬剤購入は現物給付による再分配だと解釈することもできよう。

上述のように、この国際連帯税のアイディアを、新型コロナウイルス感染症にも適用できないだろうか。パンデミックの影響で国際航空便を使った移動が激減しているため、「航空券税」という形式をとることが望ましいか否かは再検討しなければならないだろう。だがそれでも各国が有志で何らかの形の国際連帯税をそれぞれ導入し、その税収を自発的拠出金としてUNITAIDに拠出、薬剤の購入やその途上国への供給は、ノウハウをもつUNITAIDに責任をもって担当してもらう方法が考えられる。薬剤を製薬会社から大量購入すれば、購入価格を抑えるメリットも享受できるだろう。

実は日本でも、国際連帯税に酷似した税がすでに導入されている。2019年1月7日から徴収が開始された「国際観光旅客税」(通称、出国税)がそれである。これは日本人、外国人を問わず、日本から船舶または航空機により出国するすべての人々が課税対象となる。税率は、出国1回につき税額1000円である。出国者が国に直接的に納税するのではなく、船舶会社・航空会社が搭乗(乗船)券代金に上乗せして出国者から税を徴収し、それを国に納める代理徴収方式をとっている。これは、国際連帯税の徴収方式とまったく同じだ。だが、日本の出国税が航空だけでなく船舶による出国をも含んでいる分だけ、課税対象はより広くなっている。税収は、観光振興に向けた国内基盤の整備に充てられる。

日本がフランスと同様の形で国際連帯税を導入するのであれば、すでに存在する出国税の課税基盤を用いるのがもっとも近道となる。出国1回につき1000円という税額をそのままにするのであれば、税収の使途の一部を、国内観光基盤の整備から途上国の感染症対策に組み替えるべきであろう。あるいは、現行の税額に若干の上乗せを行う形で増税できるのであれば、追加税収分を途上国の感染症対策に充てるという方法が考えられる。

EU金融取引税の意義と困難

国際連帯税が、国際公共財としての感染症対策の財源を賄うために導入された租税なのに対し、国境を越える経済活動による負の影響の抑制を目的として、導入が目指されている租税がEU金融取引税である。

現代の租税は大なり小なり、「財源調達手段」としての側面と「政策手段」としての側面を併せもっている。だが、どちらに重きを置くかで租税は大きく2類型に分類できる。第1の類型は、金融取引税や炭素税など、政策手段としての役割を果たすのが主目的であって、税収は副次目的の租税である。第2の類型は、所得税や法人税など財源調達が主目的で、副次的に政策手段としての機能を果たす租税である。所得税や法人税が、政策手段としての側面をもっていると言われても、読者は違和感をもたれるかもしれない。だが実際に、所得税は累進税率を採用することで所得再分配機能を果たしているし、法人税もまた加速度償却など租税特別措置を通じて、法人の行動に影響を与える政策手段として機能しているのである。

さてEU金融取引税は、2013年1月22日に開催されたEU経済・財務相理事会において、EU加盟11か国(ベルギー、ドイツ、エストニア、ギリシャ、スペイン、フランス、イタリア、オーストリア、ポルトガル、スロベニア、そしてスロバキア、ただしエストニアは2015年12月に本グループから離脱)が、他のEU加盟国に先駆けて共同で導入する租税として承認された。

金融取引税が本当に実現すれば、複数国が国際的に共同して租税を導入する試みとして画期的な意義をもつ。また、その税収を加盟国とEUで分け合う「共通税」としての性格をもっており、EU税収分については加盟国の全体利益のために活用され、EUという超国家組織が国際公共財を供給する財源となる点も、画期的である。こうした観点からこの税は、実現すればグローバル・タックスの3要件すべてを満たす、初めての租税となる可能性がある。

課税権力は、いうまでもなく国家主権の中核的要素であり、これまでは、まさに近代国家の存立根拠そのものであった。実際、近代国民国家が創出された1648年のウェストファリア条約以来、課税権力は国家によって排他的に占有されてきた。しかし金融取引税は、国家が排他的に占有してきた課税権を、EUという超国家組織にも与えることを承認する点で、大きな歴史的転換点をなす(諸富 2013、第5章)。

EU金融取引税の発想は第1章でも触れたように、もともとアメリカの経済学者で1981年ノーベル経済学賞受賞者であるジェームズ・トービンが提案した「トービン税」構想に由来する(諸富 2002)。1997年のアジア通貨危機や2008年のリーマン・ショックにみられるように、国境を越える膨大な資金の流出入が引き起こす負の実体経済へのショックをどうコントロールするかは、きわめて現代的な政策課題となってきた。ゆえに通貨や金融への取引課税は、必然的にグローバル・タックスの形をとらざるをえない。

トービンが、国際通貨取引税構想を初めて示唆した1972年は、まさに戦後国際通貨システムを支えた「ブレトンウッズ体制」が崩壊した直後であった。固定相場制から変動相場制に移行し、国際的な資金の移動が激しくなるにつれて、一国の財政金融政策もそれに揺さぶられるようになった。そこで彼は、国境を超える通貨取引に対して課税することで、国際的な資金移動を一定以下に抑え、国民経済を安定させようとした。彼はこれを、「余りにも効率的な国際金融市場の車輪に、いくらかの砂を撒く」と表現している。

具体的に彼は、国際通貨のすべての直物取引(売買契約と同時に決済が行われる取引)に対して、一律の税率で課税することを提案した。この提案でもっとも重要なのは、それが短期取引に対してのみ重い負担を課し、長期取引に対しては無視しうるほどの負担しか課さない点にある。短期に頻繁に繰り返される投機取引ならば、税負担が累積的に高まるが、実体経済を動かすために行われる通貨取引や、長期的視点で行われる直接投資のための通貨取引であれば、取引回数が頻繁ではないので、税負担はわずかで済む。こうして「トービン税」を低税率で導入すれば、高頻度の短期取引の税負担が大幅に引き上げられ、投機は抑制されるはずである。

こうしたトービンのアイディアを、一挙に実践に移す契機となったのが、2008年のリーマン・ショックであった。背景には、投機的な金融活動に没頭し、リーマン・ショックで大やけどを負い、果ては公的資金で救済された欧州の諸銀行に対して市民が投げかける厳しい視線、そして投機抑制を求める強い市民の声があった。

欧州委員会が提案した金融取引税の概要によれば、課税対象はかなり広範であり、現物取引だけでなく、金融派生商品を含めたあらゆる金融取引をカバーすることになっていた。金融商品の「売り」と「買い」、その「移転」、金融派生商品の「約定」、「締結」、もしくは「変更」のすべてが課税対象となる。とはいえ、金融派生商品と通常の金融取引は、異なる性質をもっているので、両者の間で異なる税率を適用し、前者には0・1％、後者には0・01％を適用することが提案された。

課税技術の側面でも、今世紀に入って「多通貨同時決済銀行(CLS[Continuous Linked Settlement]銀行)」や「国際銀行通信協会(Society for Worldwide Interbank Financial Telecommunications: SWIFT)」など、国際的にデファクト・スタンダードとなった外為決済機構や、それを支える情報伝達サービスが確立したため、これらを活用することで、国境を越えて移動する資金に対して金融取引税を実行し、徴税するうえでの技術的障壁を乗り越えることが可能になった(諸富 2015)。

だが、11か国が金融取引税の導入を承認してから7年が過ぎた現在、いまだに金融取引税は導入されていない。なぜだろうか。この点については、津田久美子の論稿に詳しい(津田 2016)。彼女によれば、本税の導入が暗礁に乗り上げているのには、次の3つの理由がある。

第1は、金融取引税の導入に反対するEU加盟国による欧州裁判所への提訴など、異議申し立てである。金融取引税は、上記11か国(あるいはエストニアを除く10か国)が導入するとしても、金融取引が国境を越えて自由に欧州域内外で行われる限り、非導入国もこの税から大きな影響を受けざるをえない。世界の金融センターであるシティを抱えるイギリスは、金融取引税からもっとも大きな影響を受ける国の1つである。イギリスは実際、結果的に棄却されたものの、2013年4月18日に欧州裁判所へEU金融取引税の違法性を訴えて提訴した。

第2は、金融セクターによる金融取引税導入反対のロビー活動の効果である。彼らはその資金力、専門能力、そして人的ネットワークを投入して、金融取引税が金融取引や金融機関にもたらす負の影響をデータに基づいて示しつつ、関係者にその導入を阻止/遅延させるあらゆる働きかけを行い、実際に成功を収めつつある。

第3は、金融取引税の制度設計において、上記11か国の間で見解の相違が存在することである。このために、税設計についての議論が紛糾、合意に長い時間がかかってしまっている。直近では、イギリスのEU離脱によって、ロンドンからパリやフランクフルトへ金融機関の拠点を誘致できる可能性が出てきたため、金融取引税の導入はその妨げになるという議論すらドイツ・フランス両国で交わされ、2017年以降、関係国による交渉はほとんど進展のない状況になってしまっているという(津田 2019)。

こうして短期的には「頓挫」と呼べる状況に陥ったEU金融取引税の導入論議だが、この構想はまだ完全に死んだわけではない。しばらく寝かせておかなければならないだろうが、パンデミック後の欧州経済復興のために今後、次節でみるようにEUは巨額の財政資金を投じることになる。その財源をどうするか、早晩議論を開始せざるをえなくなる。その際に、金融取引税が財源調達上有望で、フェアな費用負担方法だとの認識が広まれば、息を吹き返す可能性もあるだろう。

金融取引税の大きな魅力は、実はその税収調達力にある。欧州委員会の試算によれば、税率をその想定下限である0・01%とした場合でも、164億~434億ユーロ(域内GDPの0・13~0・35%)もの税収が上がり、さらに上限の0・1%とした場合はなんと、733億~4339億ユーロ(域内GDPの0・60~3・54%)もの巨額の税収が上がってくるという。課税によって引き起こされる金融取引の域外移転や、金融取引そのものの減少を織り込んだとしてもなお、これほどの規模の税収が上がる可能性があるのだ。EU予算総額が、EU総国民所得(Gross National Income: GNI)の1・40%以内に抑えられていることを勘案すると、金融取引税導入の潜在的な増収可能性がいかに大きいかが理解できる。

3　EU財政同盟への途?

EU経済復興計画と事実上の「EU共同債」発行へ

金融取引税の導入は挫折しているものの、EUは新規財源の開拓を諦めたわけではない。それどころか、パンデミックの発生を経てEUの果たす役割はより高まり、その財政規模もより大きくなる見込みである。また、それを可能にする財源調達手段を確保するために、EUは新規財源の導入を模索している。これら一連の改革がもし成功すれば、EUの存在はより大きくなり、加盟国からも相対的に自立の度合いを強めることになるだろう。本節では、EUが「パンデミック後」をどう乗り切ろうとしているのかをみることで、課税権力の変容を確かめることにしたい。

欧州委員会は2020年5月27日、新型コロナウイルス感染症の影響で落ち込んだ経済の復興計画案を公表した。その資金として、新たに補助金と融資からなる7500億ユーロの基金が創設されることになった。うち5000億ユーロが返済不要の補助金、2500億ユーロが要返済の融資から構成されていた。

返済の必要のない補助金の形での支援は、イタリアなど南欧諸国が強く要求していた。これに応えてドイツ・フランス両国は、５月18日にすべて補助金からなる５０００億ユーロの基金創設を共同提案していた。欧州委員会の提案は、このドイツ・フランス提案を下敷きとし、補助金総額は維持した上で、新たに融資部分を付け加えて総額７５００億ユーロとしたものである。支援先は、経済の落ち込み度合いなどを勘案して決められるが、パンデミックで大きな被害を受けたイタリア、スペインなど南欧諸国への支援額が大きくなるとみられている。

基金を構成する資金は、欧州委員会が市場から調達し、２０２８年から58年までの30年間をかけて返済していく計画だ。これは、ＥＵ加盟国が全体で借金を背負って南欧を助けるという構図になる。事実上の「ＥＵ共同債」の発行を意味し、これまではドイツをはじめとする欧州北部諸国が、自国納税者の税金でもって南欧諸国の納税者を助ける形になるのは、自国の有権者に説明がつかないとして一貫して拒否してきた内容そのものである。

しかも債務の将来時点での返済は、後述のように将来のＥＵ予算と新規財源を充てることが想定されており、その主たる負担者は、財政が豊かな北部欧州だとみられている。ゆえに事実上、このスキームは北部欧州から南欧への財政移転を意味する。それまで慎重だったドイツが、こうした財政移転を容認したのは大きな方向転換であり、驚きをもって受け止められている。

これに対して「倹約4か国」(オランダ、オーストリア、デンマーク、スウェーデン)は反発し、全額を融資とするよう要求して独仏と対立した。

結局、EU首脳会談は2020年7月21日に、当初提案通りの総額7500億ユーロ規模の復興基金創設で合意した。ただし、その内訳は補助金が3900億ユーロ、融資が3600億ユーロと、補助金の割合が大幅に引き下げられる形での決着となった。

復興財源を賄う新規財源提案の意義

EU復興に必要となる財源は、直接的には欧州委員会が発行する債券によって賄われる。将来、債券の償還をどの財源で行うかが問題となるが、欧州委員会の計画では、EU予算と新規財源で賄われることになっている。

EU予算についてはこれまで、EU総国民所得(GNI)の1・40%に上限を設定されていた。復興計画の財源を賄うために、欧州委員会はこの上限を2・0%へと0・60%分引き上げることを提案している。

さらに、この拡大予算の一部を賄うために、EUは新規財源の導入を提案している。現在、EU予算は主に3つの財源(①EU共通関税、砂糖税などの伝統的財源[2018年総収入の13%]、②

加盟国の付加価値税の一定割合〔同11％〕、そして③総国民所得比例の分担拠出金〔同67％〕で賄われている。これらに加えて、新たな独自財源を導入しようというのが、欧州委員会の野心的な提案である（European Commission, *Financing the Recovery Plan for Europe*）。

新規財源の候補に挙がっているのが、（1）ＥＵ排出量取引制度の海運や航空への対象拡大（年間１００億ユーロの増収見込み）、（2）炭素税の国境調整メカニズム（50億〜１４０億ユーロの増収見込み）、（3）ＥＵ単一市場から巨大な便益を引き出している企業への課税（共通連結法人税、１００億ユーロの増収見込み）、（4）7億５０００万ユーロ以上の売上高がある大企業に対するデジタル課税（１３０億ユーロの増収見込み）である。

これらは、①その課税主体がＥＵという超国家組織であること、②課税対象がいずれも、国境を越える経済活動や、それにともなって生じる影響であること、③税収はＥＵ予算を通じてＥＵの全体利益のために国際公共財の供給財源として活用されること、以上3点の理由から、上記（1）〜（4）の新規財源が導入された場合には、グローバル・タックスの定義を満たすと考えられる。

ＥＵ財政同盟とその財源調達としてのグローバル・タックス

歴史を振り返ると、往々にして危機の勃発こそが、大きな制度変革の契機となってきた。今次の新型コロナウイルス感染症がもたらした危機もまた、そうした契機となるかもしれない。もっとも、国際協調が求められるこの瞬間に米中対立は激化し、各国は国内問題に手いっぱいで内向き志向を強めるなど、グローバル課題で国際協調の機運が高まる状況にはない。

にもかかわらず、今後ますます経済がグローバル化し、各国が相互依存を深めていく主潮流に変化はない。その中で、各国がそれぞれの殻に閉じこもっていては、グローバル課題を解決できず、世界はますます機能不全に陥るだろう。気候変動問題にせよ、経済のグローバル化にせよ、感染症の世界的大流行にせよ、水平線上に、いくつもの国境を越える重要課題が現れつつある。どのようにして国民国家の殻を破って国際協調の枠組みを創るか、そのための財源調達システムをどう整えるかこそが、真の課題でなければならない。課税権力のあり方もまた、国家主権の殻を破り、国境を超えていく必要がある。ＥＵの試みは、そのテストケースになるだろう。

本章は、パンデミック後の世界の動きの中に、国際協調への萌芽と「課税主権のグローバル化」へ向けての兆候を探ることを目的としている。パンデミック後のＥＵの動きは、この点できわめて重要な兆候を指し示している。ＥＵの動きを解釈するうえで、次の点がポイントになる。

第1に、パンデミックがもたらした危機に際して、各国とも従来想定をはるかに超える財政出動の必要性が明確になったため、ＥＵは加盟国に課していたＧＤＰ比3％以内という財政赤字ルールを一時停止した。ＥＵ自身もまた、上述のように予算規模を拡大して脆弱な南欧諸国の復興を支援する必要性が明白となった。危機を前に、（一時的ではあれ）従来重視してきた財政規律の看板を降ろすことになったわけだ。これは結果として、欧州におけるＥＵの位置づけを将来的に高め、その財政政策を従来よりも積極的なものへと転換させることに寄与する可能性がある。

歴史を振り返っても、財政システムが大きく転換するのは、戦争や革命など社会的危機に迫られてであった。危機によって生じた財政システムの変革が、次の時代の新しい財政システムの確立を準備する。今回のパンデミックはまさに、財政システムにそうした変革を引き起こす、数百年に一度の危機に発展していく可能性がある。

第2に、これまで豊かな国から貧しい国への財政移転を拒否してきたドイツが態度を翻し、事実上のＥＵ共同債発行を容認したのは画期的なことである。ＥＵのさらなる統合・深化を志向するフランスに比べ、ドイツはこれまで慎重な立場を保持してきたからである。独仏枢軸でEUを動かしていることは明白でも、ドイツが盟主的に振る舞うことは慎重に控えられてきた。しかし、2010年代初頭の欧州債務危機により、ドイツの経済力なしにEUを動かせないこともまた、誰の目にも明白となった。

にもかかわらず欧州債務危機に際し、ドイツがギリシャに対して「債務返済か、それともEU離脱か」と厳しく二者択一を迫ったことは記憶に新しい。自国では厳格な財政規律により財政黒字を確保するドイツが、他国に厳しく規律の遵守を迫るのは当然かもしれない。だがそうした財政的保守主義が、欧州の景気回復を遅らせ、貧富の差を拡大してポピュリズムの台頭を招いたことも事実である。

今回のパンデミックに際してドイツが同じ立場を貫けば、南欧諸国はEUに帰属する意味を見失い、EUが分裂含みとなる恐れもあった。まさにそのタイミングでドイツが、「自国の債務は自国で処理すべき」という原則論を超えて南欧諸国に手を差し伸べたのは、アンゲラ・メルケル首相の卓越した政治的センスの賜物である。ドイツはEU統合の深化(「財政同盟」の創設)のため、北から南への財政移転の費用負担を担い、それを可能にする制度改革を成し遂げるリーダーシップを発揮する覚悟を固めたとみられる。

第3に、財政移転のための財源の一部として、グローバル・タックスとしての特性をもつ新規財源の導入が提案されたことも、画期的なことである。それらの税収がEUの独自財源となれば、EUと加盟国の関係に、将来、劇的な変化がもたらされるだろう。現在、EUはその財源の多くを加盟国が支払う分担拠出金に依存している。逆に言えば、加盟国は拠出金の負担を通じてEUに大きな影響力を行使できる。だが、EUの独自税源比率が高まれば高まるほど、加盟国の分担拠出金への依存度は下がる。

もし新規財源の導入が認められれば、EU独自財源による税収の歳入全体に占める比率が13%程度に上昇、他方で加盟各国の分担拠出金が57%程度に減少すると見込まれている。加盟各国の拠出金への依存度が下がることで、彼らの発言力は低下し、EUは自らが重視する政策を進めやすくなるだろう。

これは、欧州におけるEUの立場を強めることにつながり、加盟国から相対的に自由になって、欧州の全体利益のために行動しやすくなるだろう。

以上3点の変化は、もしパンデミックが起きていなければ、恐らく起きていなかったか、あるいは、非常にゆっくりとした速度でしか生じなかったといえよう。これまでは展望することすら困難だったEU財政同盟の萌芽が見出される、あるいは、その第1歩が踏み出されつつある、と評価することもできるだろう。

事実上のＥＵ共同債の発行は、気が早い一部の専門家によって「ハミルトン的瞬間の到来か」と評価されている。ハミルトンとは、初代アメリカ合衆国財務長官のアレグザンダー・ハミルトン（１７５５〜１８０４年）のことである。彼は、アメリカ独立戦争の結果として各州が多額の公債を発行し、戦後は負債にあえいでいたのを連邦政府が肩代わりし、国債を発行して公信用制度を確立することに多大な貢献をした。また、こうした肩代わりがなければ発生したであろう、重い負債を抱えた州とそうでない州との間の対立を解消し、アメリカが連邦政府の主導のもとにまとまりのある連邦制国家を形成していく契機になった。

ＥＵの文脈でいえば、共同債の発行によって各加盟国の公債がＥＵによって肩代わりされ（ＥＵ共同債）、これまでのような豊かな北部欧州と貧しい南欧との対立が解消され、ＥＵがまとまりをもった一種の連邦制国家として自らを確立していく転換点になる、ということになるだろうか。

これを課税面でいえば、グローバル・タックスを独自財源とした、加盟国から相対的に自立した課税権力としての超国家組織ＥＵの誕生、ということになるだろう。これは、デジタル課税を取り扱った第４〜６章で論じた「ネットワーク型課税権力」とは異なって、国民国家を超える超国家組織が、新たに課税権力を獲得していくプロセスとして解釈できるのではないだろうか。

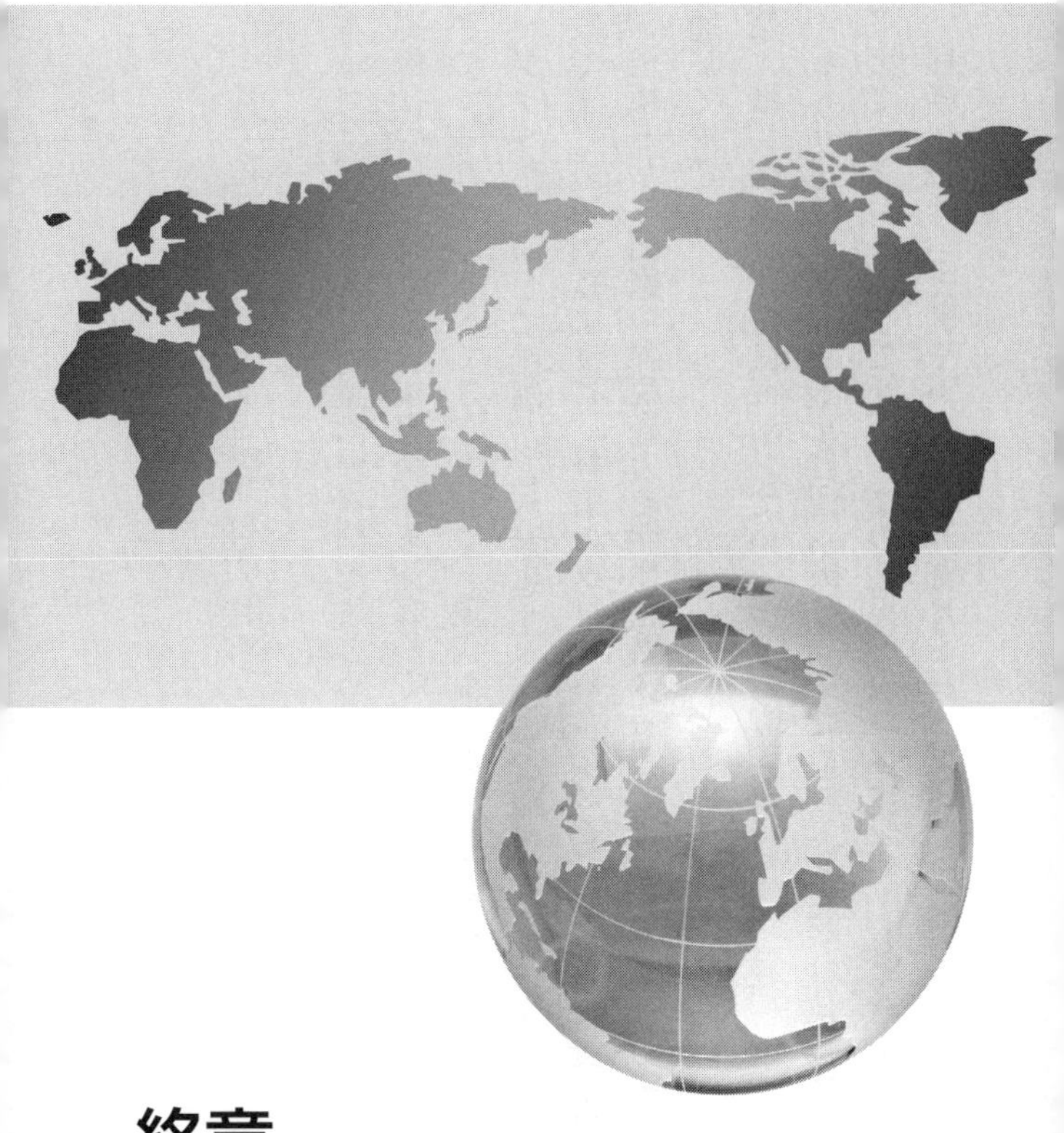

終章

租税民主主義を問う

1　国境を超える課税権力

本章では、ここまでの議論の構図をまとめるとともに、課税権力の将来展望と租税民主主義の関係について論じて、本書全体を締めくくることにしよう。

さて、これまで論じてきたように、現代税制が直面する最大の課題は、経済のグローバル化とデジタル化に対して税制がどう対処すべきかを構想し、実現することであった。図終-1の下段でまとめているように、経済のグローバル化／デジタル化は資本の国際移動を劇的に増やし、結果として国家の課税権力を弱体化させることにつながった。それは、主に2つのルートを通じて生じた。

第1は、図の下段左側に示しているように、「租税競争」を通じてである（本書第2章）。各国は1980年代以降、資本を自国へ吸引するために、累進所得税のフラット化や法人税率の引き下げでお互いに競ってきた。この結果、税負担は全体として移動性の高い法人や金融所得から、移動性の低い労働や消費にしわ寄せされ、税制の所得再分配機能が低下した。

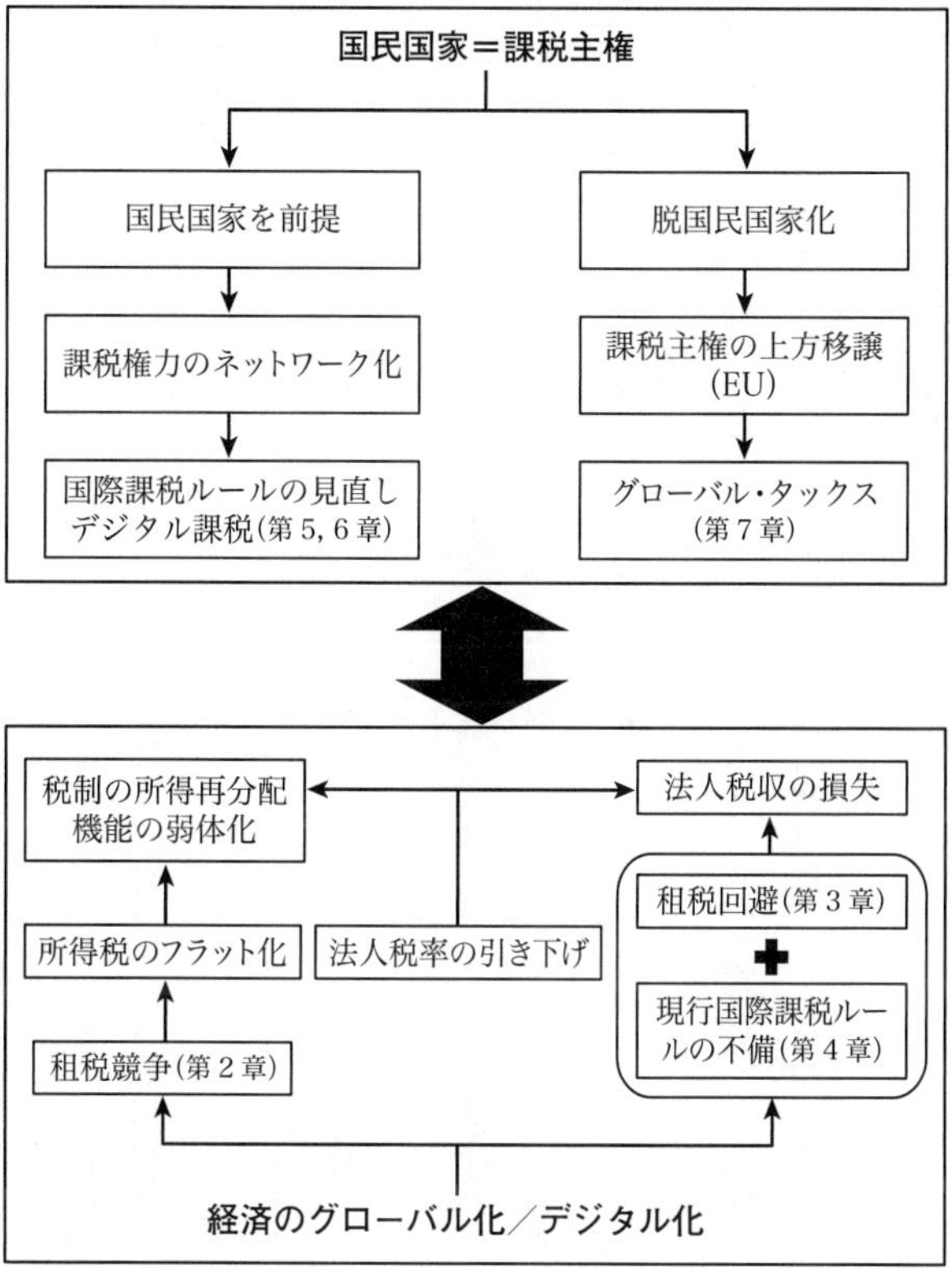

［出所］筆者作成.

図終-1　経済のグローバル化／デジタル化への課税権力の「対抗運動」

課税権力が弱体化した第2のルートは、図の下段右側に示しているように、多国籍企業による「租税回避」を通じてである(本書第3章)。さらに、現行の国際課税ルールの不備が、問題を増幅させている(本書第4章)。租税回避は各国の法人税収に打撃を与え、彼らの財源調達力を奪っている。

こうした問題状況に対して、なかなか有効な手を打つことができなかったのが、2015年ごろまでの国際社会であった。だが2015年10月にはOECDのBEPS報告書が公表されたことで、潮目が変わった。「パナマ文書」が公表され、世界の富裕層や政治家による租税回避の実態が白日の下にさらされたことも、人々の怒りを増幅させた。アメリカの多国籍企業が欧州で多額の利益を上げながら、法人税をほとんど納めていない実態も明らかとなり、人々は呆気にとられた。これら一連の出来事が、国際世論を変えたのだ。租税競争や租税回避で税収が失われ、税負担の公平性も掘り崩されている。こうした状況が広く知られるようになるにつれ、現状を変えねばならないというコンセンサスが国際社会に形成された。その最大の成果が、OECDによるデジタル課税提案である。これは、たんにデジタル企業に課税強化を、というにとどまらず、現行の国際課税ルールを根本的に見直す百年に一度の大事業に発展しつつある。

ここから、課税権力側による多国籍企業への対抗運動が形成されていく。図終-1の上段にまとめているように、もちろん現在もなお、課税権力が国民国家と一体不可分であることに原則として変わりはない。だが、多国籍企業が国境を越えて自由に活動する時代に、課税権力が国境の内側に押し留められていては、問題は解決できない。そこで課税権力は、次の2つのルートで国境を超えることを試み始めた。

第1は、図の上段左側に示しているように、国民国家を前提としつつも主権国家同士が連携し、課税権力のグローバルなネットワークを構築することである。その主たる内容は、(1)国際課税ルールの共有化と、(2)国際的な課税情報の交換、の2点である。これこそ、OECDのBEPSプロジェクトが成し遂げようとしていることに他ならない。第4〜6章で論じたように、このプロジェクトでは法人課税について、新しい国際課税ルールを構築し、各国間で共有しようとしている。新しい課税ルールは、従来の独立企業原則に基づく課税ルールに比べて、より緊密な国際合意と国際協力を必要とする。世界各地に拠点を置く多国籍企業のグローバル利潤をまず確定させ、それを一定の基準に基づいて各国に配分するという作業を通じて、各国の課税権を確定させなければならないからだ。

多国籍企業のグローバル利潤を確定するには、(2)の国際的な課税情報の交換が不可欠だ。したがって、(1)と(2)は密接不可分の関係にある。OECDのBEPS行動計画13の最終報告書は2016年1月1日以降、一定規模(日本では前年度の連結総収入額が1000億円)以上の多国籍企業に下記の3種の文書を毎年作成、各国政府に提出することを求めている。それが、「マスターファイル」(多国籍企業の事業概要を記載)、「ローカルファイル」(個々の関連者間取引に関する詳細な情報を記載)、「国別報告書」(国別に合計した所得配分、納税状況、経済活動の所在、主要な事業内容等を記載)である。

もっとも、これら3つの文書が各国政府にバラバラに保有されているだけでは、多国籍企業の全体像は摑めない。これらの情報が各国の課税当局間のネットワークを通じて自動で情報交換され、突き合わされることで初めて、多国籍企業の全貌が明らかになり、グローバル利益の確定も可能になる。

2 歴史から将来を照射する——ドイツの事例に学ぶ

課税権力が国家を超えていく第2のルートは、「課税主権の上方移譲」である(図終-1の上段右側)。これは、もし世界政府が存在するなら、国民国家から世界政府に法人税の課税権を移譲することを意味する。世界政府であれば、その主権の及ぶ範囲がグローバルに広がっているので、多国籍企業のグローバルな活動領域全体を包み込む形で統一的に課税できるはずである。それが実現すれば、多国籍企業が各国の税率の違いを利用して、租税回避を行う余地も消滅するだろう。

だが、現実には世界政府は存在しないし、見通せる限りの将来に創設される可能性も見出せない。世界政府を構想するのは、現時点ではたしかに非現実的だ。にもかかわらず論理的には、経済のグローバル化に対抗する上で「課税主権のグローバル化」は、想定される有力な方策の1つとなるのだ。第7章で取り扱ったグローバル・タックスもまた、本来的には世界政府の財源調達手段として位置づけられるべきものなのであろう。

EUは世界政府そのものではないが、国民国家を超える超国家機関として、世界政府の前駆形態とみることはできないだろうか。EUがどのようにして財源を調達しようとしているのか、そこにグローバル・タックスがどのような役割を果たすのかをみることで、世界政府を構想する際に生じうる様々な課題が見えてくるだろう。これまで加盟国の分担拠出金に大きく依存し、あくまでも彼らの担ぐ「神輿」であったEUが、果たして名実ともに課税主権をともなう「政府」へと変貌を遂げられるのか否か。ここが、見どころである。パンデミックへのEUの対応として出てきた一連の改革構想――経済復興計画、共同債、新規財源調達メカニズム――がE

U財政同盟へと発展できるか否かが、その試金石となる。

このプロセスでせめぎ合っている加盟国とEUの対立関係は、かつてのドイツにおける帝国とその構成国である邦国の関係を彷彿とさせる。というのは、両者の財政関係の歴史は、まさに課税主権の邦国から帝国への上方移譲の歴史でもあるからだ。今後、EUと加盟国の財政関係で起きることを理解するには、かつてのドイツ帝国・邦国の財政関係がどう展開したかを知っておくことが参考になる(諸富 2001)。

ドイツ帝国(Deutsches Kaiserreich)は1871年1月1日、北ドイツ連邦に南ドイツ4か国が加わる形で創設された。これは「帝国」という名称から想像されるイメージと異なって、22の領邦国家(Bundesstaat: 邦国)と3つの自由都市、そして帝国直轄領(アルザス＝ロートリンゲン)からなる連邦国家であった。帝国財源には、関税および共同消費税(塩税、たばこ税、砂糖税、手形印紙税、ビール税およびブランデー税など)、そして帝国国有事業収入が充てられた。これらでは経費を賄えない限りにおいて、各邦国に人口比例で「分担金」が課された。

帝国に割り当てられたこれらの財源は、まさに現在、EUに割り当てられた3つの財源(①EU共通関税、砂糖税などの伝統的財源［2018年総収入の13％］、②加盟国の付加価値税の一定割合［同11％］、そして③総国民所得比例の分担拠出金［同67％］)に酷似していた。ただし、EUにとって最大の財源が加盟国の分担拠出金であるのに対し、ドイツ帝国にとっての最大の財源は、関税および共同消費税の税収であり（１８７２〜74年平均で66％、１９１０〜13年平均で81％も占めていた）、分担金はあくまでも補完的な財源に過ぎなかったという違いはある（１８７２〜74年平均で23％、１９１０〜13年平均で15％を占めていた）。

欧州で列強がせめぎ合う中で、帝国の機能と責任はますます大きくなり、とりわけ陸海軍経費が膨張した。帝国財政を帝国の固有財源だけで均衡させることは難しく、その予算は恒常的な赤字を記録し続けていた。関税および共同消費税の引き上げはもちろん試みられたが、帝国議会によって得られる税収に上限が画されていた（フランケンシュタイン条項）。分担金はあくまでも過渡的な財源だと認識していた帝国首相ビスマルクは、帝国独自財源の獲得を目指した。帝国財政を、邦国分担金に依存する状況から救い出し、その財政基盤を安定化させることで、その指導的立場を強化しようとしたのだ。この試みはしかし、邦国側の抵抗に遭って困難を極めた。

他方、「間接税は帝国に、直接税は邦国に」という当時の税源配分の論理を維持し続けようとすると、様々な矛盾の噴出が避けられなくなってきたのも事実であった。第１に、帝国が財源を確保しようとしてますます関税や共同消費税の課税を強化しようとしたため、税負担の逆進性が強まった。第2に、所得税と財産税という直接税を保有していたのは邦国だったが、その課税方式は邦国ごとにバラバラで、経済活動の阻害要因となっていた。さらに、租税回避のための低課税国への移住現象まで起きていたのだ。そこで、帝国による統一的な所得税を導入し、税率や控除、税率割引などの諸制度を全ドイツで統一することで弊害を除去し、徴税一元化により徴税費用を大幅に節約すべきだ、との声が高まっていった。

最終的に邦国から帝国へと、直接税の課税権が上方移譲されたのは、第一次世界大戦でのドイツの敗北により、巨額の戦費債務の償還とベルサイユ条約により課された巨額の賠償金支払いを帝国が賄わねばならなかったためである。もはや旧来の税源では足りず、豊かな税源である直接税(所得税、法人税、資産税)を邦国から帝国に移すよりほか選択肢はなかった。それを最終的に実現したのが、1920年の「エルツベルガー改革」だった。この結果、帝国にはそれまでの関税および共同消費税収入に加えて、所得税、法人税、資産税が上方移譲された。その代償として、邦国は所得税収と法人税収の75%、売上税収入の30%、土地取得税、自動車税収入の全部を交付金として受け取ることになった。これにより、財源をめぐる帝国と邦国の争いの終止符が打たれ、両者の関係はそれまでと逆転して、邦国が帝国からの交付金に依存する立場となったのだ。

以上の歴史より、EUと加盟国の財政関係を念頭に置いた教訓を引き出すとすれば、どうなるだろうか。第1に、創設当初は「帝国には間接税、邦国には直接税」という棲み分け（税源配分）が確立していた。ドイツはすでに関税同盟を設立していたので、関税政策は帝国がコントロールするのが適切だという事情もあった。また、帝国内の商業や物流を阻害しないという観点から、様々な個別消費税が帝国に割り当てられていた。EUもまた、域内経済統合を完了しているため、共通関税収入と砂糖税など伝統的税源が割り当てられている。「間接税は帝国に、直接税は邦国に」の論理は、まさに「間接税はEUに、直接税は加盟国に」と言い換えられる。

第2の教訓は、経済が発展し、その地理的範囲が国境を超えて拡大すると、既存の税制の矛盾が激化するということである。経済活動が邦国の範囲を超えてドイツ帝国全域で活発に展開されると、所得税など税制の邦国間相違が経済活動にとっての桎梏となっていく。租税回避行動もまた、活発になっていく。こうした矛盾を解決するには、経済活動の地理的範囲と、課税主権の及ぶ地理的範囲を一致させるほかない。EUでも直接税である法人税を共通化し、その税収の一部をEU財源とする構想がある。

第3に、こうして矛盾が激化しても、ただちに課税主権の上方移譲が行われるわけではない。

大切な税源を取られる側が、簡単には承服しないからである。ドイツでそれが可能になったのは、第一次世界大戦にドイツが敗北し、巨額の戦費債務とベルサイユ条約による賠償金支払いが肩にのしかかってきたためである。既存の税収ではとても賄えないほどの財政支出を可能にし、ドイツが一致団結して危機を乗り切るには、帝国(1920年段階ではワイマール共和国の連邦政府)に主要財源を集めるしかなかったのだ。逆に言えば、こうした巨大な社会的危機が、それまでの通念を壊し、問題解決のために非連続的な制度改革を可能にする、といえよう。

3　多国籍企業・国家・租税民主主義

課税権力が国家を超えていく第1のルートにせよ、第2のルートにせよ、それは民主主義によって正当化され、コントロールされなければならない。それが、近代国家が樹立されて以来の鉄則である。だが課税権力のグローバル化は、この点で厄介な問題をもたらす。議会を通じて国民が課税権力をコントロールする仕組みは、国民国家単位で整えられているため、課税権力がグローバル化すると、それを民主主義的に有効にコントロールする仕組みをどう設計すべきか、という新しい課題が出てくるからだ。

この課題に対してすでに答えを出しているのが、ＥＵである。ＥＵには欧州市民の直接選挙で選出される議員からなる「欧州議会」が設置されており、この場を通じてＥＵの執行機関たる「欧州委員会」、そして、加盟国政府の閣僚で構成される「欧州閣僚理事会」に対し、民主主義的なコントロールを利かせる手段が用意されている。かつてドイツ帝国もまた、帝国の創設と同時に帝国議会を創設した。課税主権を上方移譲する場合は、その受け皿となる統治機構がすでに存在しているため、議会を設置しさえすれば、課税権力のレベルと議会の置かれるレベルが一致し、前者による後者の民主主義的な統制が可能になるのだ。

問題は、ネットワーク型課税権力の場合であろう。多国籍企業の活動がグローバルに展開されるのに対抗して、ようやく国民国家が連携してネットワーク型課税権力を創出する展望が出てきた。課税権力の側はこうして、多国籍企業と同じ次元に立って向き合う足場を固めることができる。だが民主主義は、それにただちについていくことができない。グローバル次元に世界政府と世界議会が存在するわけではないため、依然として課税権力の民主的正当化は各国議会を通じて行われざるをえないからだ。つまり、課税主権のレベルと租税民主主義のレベルにギャップが生じるのだ。

ネットワーク型課税権力の場合、その正当性はあくまでも、各国の議会を通じて調達される

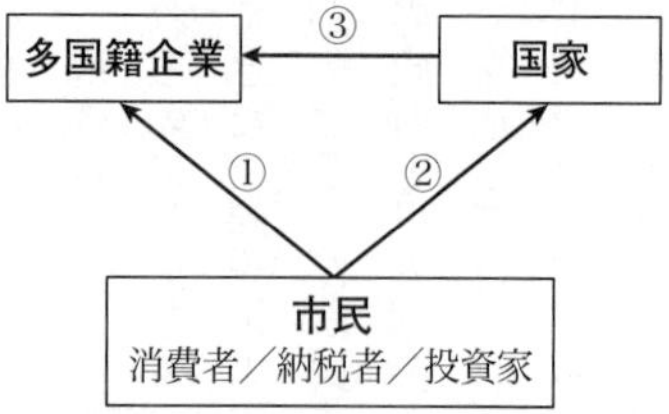

［出所］著者作成.

図終-2　多国籍企業・国家・市民社会の関係

ことになる。では多国籍企業、国家、そして市民社会の三者関係と租税民主主義を、どう理解すればよいのだろうか。市民社会は、多国籍企業が引き起こす税源浸食と租税回避の問題に対して、図終-2の矢印①のように多国籍企業に直接働きかける手段を、通常はもたない。そのため各国の国民は、国民国家の手の内にある課税主権を手段として用いて、間接的に多国籍企業に働きかけるのだ(図終-2の矢印②および③)。その課税方法が妥当かどうかは、最終的には各国それぞれの議会でチェックされるべきである。

こうした視点に立つならば、「多国籍企業をコントロールする手段としての租税」はたんに国家の手にあるだけでなく、たとえ間接的な形ではあれ、私たち自身の手にあると考え直すことができるのではないだろうか。これはつまり、「市民社会が租税を自らの道具として使いこなして経済をコントロールする」という租税観である。

納税者たる市民は議会を通じて、グローバル次元での公平課税実現のために、課税権力の行使を国家に委託する。そのとき、租税は市民にとってさまざまな社会問題を解決するための間接的な「道具」になりうる。それはまた、国家をも、市民社会がよりよい社会を形成するために使いこなすべき「道具」として把握し直すことにもつながっていく。

もちろん言うは易く、行うは難しである。課税権力が実際にどう行使されているのか、そのチェック・アンド・バランスを、本当に議会を通じて実行できるのかという課題もある。また、そもそも国家を人為的に「制作」（ホッブズ）したという自覚のない日本では、それを「道具」として使いこなすという発想に馴染みがない。だが、以上のように考えることで、間接的な形ではあっても「市民社会が国家を通じて多国籍企業をコントロールする」という展望が開けてくるのではないだろうか。

あとがき

本書で論じてきたＯＥＣＤのデジタル課税論議は、現在もなお進行中である。ちょうど本書が刊行されるタイミングで国際課税新ルールに最終合意がえられるはずだったが、本書でも述べてきた事情から合意目標は２０２１年に延期されることになった。だが、本当に最終合意をえられるのかどうか、いまもって見通しは不透明である。

もしＯＥＣＤデジタル課税提案で最終合意をえられず、空中分解することになってしまえば、同じく現在進行形で進んでいる各国ごとの独自デジタル課税導入の動きに拍車がかかり、後戻りが効かない状況になるだろう。独自デジタル課税を導入済み、あるいは現在導入を進めている国々の多くは、今回のパンデミック対応のために強いられた巨額の財政赤字を賄う財源として、これを位置づけている。彼らにとっても、背に腹は代えられないのだ。

最悪なのは、これに対してアメリカが制裁関税を発動し、アメリカvs.独自デジタル課税導入国の貿易戦争に事態が発展してしまうことである。これだけは、何とかして避けたいものである。もともとはアメリカ提案が基礎になってまとめられた現在のＯＥＣＤ提案で最終合意が得られることを望みたいが、２０２１年を通じて事態の推移から目が離せない。

とはいえ、ＯＥＣＤで約１００年ぶりに国際課税の新ルールが議論され、成案がまとまり、それがＧ20や世界約１４０か国からなる包摂的枠組み（inclusive framework）の場で議論が重ねられ、少しずつ合意形成が図られてきたこと自体は、画期的なことである。その内容は現行の国際課税ルールを大きく転換するだけでなく、一層の緊密な国際協力を要請するものである。依然として批判も可能だが、国際合意が取れ、実行可能性のある提案としては、最善のものがテーブルの上に載せられている。本書ではこれを、「課税権力のグローバル化」の具体的な現れとして解釈している。

現行ルールに固執していたＯＥＣＤの立場も大きく変わった。経済のグローバル化とデジタル化の進展、多国籍企業のタックス・ヘイブンを利用した租税回避問題の深刻化、といった現実を前に、もはや現行ルールを墨守して問題をさらに激化させるわけにはいかなくなった。仮に、現在のＯＥＣＤ提案で国際合意がうまくいかなかったとしても、議論がすべて雲散霧消してしまうわけではない。いま起きている問題が変わらないなら、今回の提案に盛り込まれた解決策が、将来に議論を再開する際のベースにならざるをえない。そういう意味では、国際課税ルールの見直しの必要性、そして「課税権力のグローバル化」の方向性は、不可逆的なものだと筆者は考える。

本書は、２０１３年に出版した拙著『私たちはなぜ税金を納めるのか』（新潮選書）の最終章で提示した問題への回答という側面をもっている。当時、筆者は次のように述べていた。

結局この問題に対する根本的な解法は「課税権力のグローバル化」しかないのだ。つまり、二国間で結ばれた三〇〇〇本の糸からなる「課税権力のネットワーク」から、「世界各国の課税権力の集約化」ないしは「共同課税権力の樹立」へと、いずれは向かわなければならない（諸富 2013、終章）。

当時、「課税権力のグローバル化」といってもスローガンのようなもので、何か具体的なイメージがあったわけではなかった。だが、過去8年間に多くのことが起きた。２０１５年のスイス・リークス事件、16年のパナマ文書の公開などで、富裕層による租税回避の実態が白日の下にさらされ、世界に大きな衝撃を与えた。17年には、アップルが欧州本社を置くアイルランドで、利益に対してわずか０・００５％（２０１４年）の法人税しか払っていないことが欧州委員会によって明らかにされるなど、多国籍企業の租税回避の実態も次々と明るみに出た。こうした租税回避に対する厳しい国際世論が、OECDによる新しい国際課税論議を、現行ルールの枠から大きくはみ出させ、画期的な提案を導き出す原動力になったといえよう。いまや、OECDによるデジタル課税論議を通して、「課税権力のグローバル化」の具体的な形がある程度見えてきた。それを、描写しようとしたのが本書である。

タックス・ヘイブンを舞台とした租税回避問題といえば、すでに岩波新書に志賀櫻氏による『タックス・ヘイブン』(2013年)という素晴らしい作品がある。ぜひ本書と併せてお読みいただきたいが、これはタックス・ヘイブンを主題として一般向けに邦語で書かれた、初の書籍である。この書籍でタックス・ヘイブンの実態を知った読者も多いのではないだろうか。何よりも目を奪われたのは、財務官僚だった志賀氏が海外で潜り抜けてきた修羅場の数々と、その描写だ。タックス・ヘイブンは、巨額の麻薬資金や犯罪資金が資金洗浄のために通り抜けていく場所でもある。この問題に取り組むには、国際会議でやり合うだけでなく、修羅場に身を置く覚悟と気迫が必要だと伝わってくる書籍であった。だが何よりも感銘を受けたのは、タックス・ヘイブンが課税の公平性を掘り崩していることへの志賀氏の強い怒りと危機感、そして彼の内に秘められた正義の観念であった。

その志賀氏から、当時アメリカ・ミシガン大学に滞在していた筆者の下に彼の著書『タックス・オブザーバー』(エヌピー新書)が送られてきた。筆者は志賀氏と残念ながらまったく面識がなかった。だがこの書物の編集者であり、エヌピー通信社の槌谷享信氏(取締役 編集統括・企画部長)によれば、志賀氏が財務官僚時代に最適通貨圏の理論で1999年にノーベル経済学賞を受賞したR・マンデルの講義を受けられ、その弟子である篠原総一同志社大学名誉教授の国際経済学・マクロ経済学の識見に感銘を受けられたとのこと、さらにそのゼミ出身である筆者に、是非一読してもらいたいと希望されて、とのことであった。

礼状をお送りした約1か月後に、再び槌谷氏より連絡を頂いた。上記『タックス・オブザーバー』について意見など「ひとこと」をもらえないか、との依頼であった。なんと、志賀氏が重い病のため医師に余命3か月の宣告を受けたため、編集者としてこの書物に対する様々な研究者の「ひとこと」を集め、本人に伝えたいとのことであった。この書物が絶筆となることを覚悟された志賀氏自身の想いも添えてあった。一読して大変驚き、尊敬する志賀氏のためなら、ということで筆者自身のメッセージを槌谷氏に託した。残念ながらそのわずか2か月後に、志賀氏は帰らぬ人となってしまった。あまりにも大きな損失である。

槌谷氏には、国際課税問題について、そして課税の公平性について、志賀氏の精神を引き継ぎ、発展させることを自分の課題として引き受けたい、との思いを志賀氏に伝えて頂いた。うまく彼に伝わっただろうか……。本書は不十分かもしれないが、その志賀氏の想いを自分なりに引き継いで執筆しようとしたものである。志賀氏のご冥福をお祈りするとともに、財務省や国税庁にも志賀氏の精神が引き継がれていることを期待したい。

本書がこうして何とか完成に漕ぎつけることができたのも、多くの方々のご支援、ご指導のおかげである。謝意を表して、この場をお借りしてお名前を挙げさせて頂くのをお許しいただきたい。まず、ミシガン大学法科大学院教授で国際租税法が専門のアヴィ＝ヨナ(Avi-Yonah)先生である。彼には２００４～05年と２０１５～16年、二度にわたって客員研究員としてミシガン大学に滞在し、国際課税の研究を進める貴重な機会を頂いた。彼は定式配分法の有力な提唱者であり、その視点からＯＥＣＤによるＢＥＰＳ報告書が「対症療法的で根本解決になっていない」として厳しく批判されていた。２０１５～16年のミシガン大滞在時、筆者はアヴィ＝ヨナ先生のこのＢＥＰＳ評価は厳しすぎるし、定式配分法も夢物語だと考えていた。だが、ＯＥＣＤデジタル課税をめぐるその後の議論の推移は、アヴィ＝ヨナ先生の見通しの正しさと、そして議論の確かさを見事に証明しているように思われる。

ミシガン大での在外研究から帰国した後、国際課税の問題を経済学と租税法学の両者の視点で共同研究することを目指す「租税論研究会」を京都で立ち上げた。この研究会は筆者にとって、国際課税上の諸問題を学際的に議論することのできる貴重な場となっている。研究会の共同運営者である宮本十至子氏（立命館大学経済学部教授）と篠田剛氏（同准教授）をはじめ、研究会メンバーとの議論から多くを学ばせてもらっている。

また、三菱財団人文科学研究助成の支援を受けて篠田氏、そして租税論研究会メンバー野口剛氏（北海学園大学教授）とともに２０１９年２月に行ったＯＥＣＤデジタル課税論議に関する欧州調査では、欧州のデジタル課税をめぐる代表的な研究者や関係機関を訪問し、ディスカッションさせて頂く貴重な機会をえられた。本書の内容に直結する成果をえられたこの調査や、我々の国際課税に関する研究活動を支援して頂いた三菱財団にも、この場をお借りして謝意を表したい。

最後に、本書を担当してくださった岩波書店新書編集部の上田麻里さんにも謝意を表したい。上田さんに最初にお会いしたのは、筆者の横浜国立大学経済学部勤務時代、当時東京大学の神野直彦先生と慶應義塾大学の金子勝先生が共同で運営されていた「ネットワーク2000」という研究会の場であったと記憶している。それ以来、『原発を終わらせる』（２０１１年）など共著の岩波新書のお仕事はご一緒させて頂いたことはあったが、単著で新書執筆のご提案を頂いたのは、今回が初めてである。実現までに時間がかかってしまったことは、お詫び申し上げなければならない。とはいえ、企画段階から執筆、校正に至るまで、まさに共同作業といえるプロセスだった。当初原稿に上田さんから率直なコメント／質問を頂けたことは大きかった。それらに応えるべく、大幅に改稿することで本書が読者の方々にとってより興味を引く、そして分かりやすい書籍になったのだとすれば、筆者としても嬉しい限りである。

本書が、国際課税の視点から見た税金のあり方やその将来像について、少しでも多くの読者の方々に興味を持って頂き、そして考えて頂く機会になれば、筆者にとって大変ありがたいことである。

２０２０年10月

諸富　徹

参考文献一覧

Alstadsæter, A., Johannesen, N. and G. Zucman (2019), "Tax Evasion and Inequality", *American Economic Review*, 109 (6), pp. 2073–2103.

Álvarez-Martínez, M. T. et al. (2018), "How Large is the Corporate Tax Base Erosion and Profit Shifting? A General Equilibrium Approach", *CESifo Working Paper Series*, No. 6870.

Avi-Yonah, R. S., Clausing, K. A. and M. C. Durst (2009), "Allocating Business Profits for Tax Purposes: A Proposal to Adopt a Formulary Profit Split", *Florida Tax Review*, 9 (5), pp. 497–553.

Avi-Yonah, R. S. and K. A. Clausing (2019), "Toward a 21st-Century International Tax Regime", *Tax Notes International*, August 26, 2019, pp. 839–849.

Bean, M. E. (2003), *Background and History: Michigan's Single Business Tax*, House Fiscal Agency.

Brauner, Y. (2008), "Value in the Eye of the Beholder: The Valuation of Intangibles for Transfer Pricing Purposes", *Virginia Tax Review*, 28 (1), pp. 79–164.

Bunn, D., Asen, E. and C. Enache (2020), *Digital Taxation Around the World*, Tax Foundation.

Copenhagen Economics (2019), *Future Taxation of Company Profits: What to Do with Intangibles?*

Davies, R. B., Martin, J., Parenti, M. and F. Toubal (2018), "Knocking on Tax Haven's Door: Multinational Firms and Transfer Pricing", *Review of Economics and Statistics*, 100 (1), pp. 120–134.

Frankman, M. (1996), "International Taxation: The Trajectory of an Idea from Lorimer to Brandt", *World Development*, 24 (5), pp. 807–820.

Habu, K. A. (2017), "How Aggressive Are Foreign Multinational Companies in Reducing Their Corporation Tax Liability? Evidence from UK Confidential Corporate Tax Returns", *Oxford University Centre for Business Taxation and Oxford University*, WP 17/13.

International Monetary Fund (2019), "Corporate Taxation in the Global Economy", *IMF Policy Paper*, No.19/007.

——(2020), *World Economic Outlook*, Chapter 1, the Great Lockdown.

Kleinbard, E. (2016), "Stateless Income and its Remedies", Pogge, T. and K. Mehta eds. *Global Tax Fairness*, Oxford University Press, pp. 129–152.

Kofler, G. (2013), "The BEPS Action Plan and Transfer Pricing: The Arm's Length Standard Under Pressure?", *British Tax Review*, 5, pp. 646–665.

OECD (2015), *Addressing the Tax Challenges of the Digital Economy*, OECD/G20 Base Erosion and Profit Shifting Project, Action 1: 2015 Final Report.

—— (2017a), *Model Tax Convention on Income and on Capital: Condensed Version 2017.*

—— (2017b), *OECD Transfer Pricing Guidelines for Multinational Enterprises and Tax Administrations.*

—— (2018a), *Tax Challenges Arising from Digitalisation — Interim Report 2018: Inclusive Framework on BEPS*, OECD/G20 Base Erosion and Profit Shifting Project.

—— (2018b), *Revised Guidance on the Application of the Transactional Profit Split Method: Inclusive Framework on BEPS: Actions 10.*

—— (2019a), *Addressing the Tax Challenges of the Digitalisation of the Economy—Public Consultation Document*, OECD/G20 Base Erosion and Profit Shifting Project.

—— (2019b), *Secretariat Proposal for a "Unified Approach" under Pillar One—Public Consultation Document*, OECD/G20 Base Erosion and Profit Shifting Project.

—— (2019c), *Global Anti-Base Erosion Proposal ("GloBE") (Pillar Two), Tax Challenges Arising from the Digitalisation of the Economy—Public Consultation Document.*

—— (2020a), *Tax Challenges Arising from Digitalisation—Report on Pillar One Blueprint: Inclusive Framework on BEPS.*

—— (2020b), *Tax Challenges Arising from Digitalisation—Report on Pillar Two Blueprint: Inclusive Framework on BEPS.*

Olbert, M. and C. Spengel (2017), "International Taxation in the Digital Economy: Challenge Accepted?", *World Tax Journal*, February, pp. 3–46.

Patnaik, P. (2020), "A Strong Call for COVID-19 Treatments and Vaccines to Be Global Public Goods — World Health Assembly", *International Health Policies*, May 20, 2020.

Piketty, T., Saez, E. and G. Zucman (2018), "Distributional National Accounts: Methods and Estimates for the United States", *The Quarterly Journal of Economics*, 133 (2), pp. 553–609.

Saez, E. and G. Zucman (2019), *The Triumph of Injustice: How the Rich Dodge Taxes and How to Make Them Pay*, W. W. Norton & Company (サエズ・E., ズックマン・G. (2020), 『つくられた格差——不公平税制が生んだ所得の不平等』山田美明訳, 光文社).

Schön, W. (2018), "Ten Questions About Why and How to Tax the Digitalized Economy", *Bulletin for International Taxation*, April/May, pp. 278–292.

Sullivan, M. A. (2020), "Economic Analysis: OECD Pillar 1 'Amount A' Shakes Up Worldwide Profit", *Tax Notes Newsletter*, February 24, 2020.

Tørsløv, T. R., Wier, L. S. and G. Zucman (2018), "The Missing Profits of Nations", *NBER Working Paper*, No. 24701.

赤松晃(2001), 『国際租税原則と日本の国際租税法——国際的事業活動と独立企業原則を中心に』税務研究会出版局.

伊藤公哉(2015), 『国際租税法における定式所得配賦法の研究——多国籍企業への定式配賦法適用に関する考察』中央経済社.

居波邦泰(2014), 『国際的な課税権の確保と税源浸食への対応——国際的二重非課税に係る国際課税原則の再考』中央経済社.

上村雄彦(2009), 『グローバル・タックスの可能性——持続可能な福祉社会のガヴァナンスをめざして』ミネルヴァ書房.

上村雄彦編(2015), 『グローバル・タックスの構想と射程』法律文化社.

——(2019), 『グローバル・タックスの理論と実践——主権国家体制の限界を超えて』日本評論社.

江波戸順史(2012), 『独立企業原則の限界と移転価格税制の改革』五絃舎.

クノッセン・S. (1990), 「EC における税制の調和」石弘光編『グローバル化と財政』金子能宏訳, 有斐閣, 161–195 頁.

熊倉誠和・小嶋大造(2018), 「格差と再分配をめぐる幾つかの論点——人的資本蓄積と税・社会保険料負担の観点から」『フィナンシャル・レビュー』平成 30 年(2018 年)第 2 号(通巻第 134 号), 110–132 頁.

志賀櫻(2013), 『タックス・ヘイブン——逃げていく税金』岩波新書.

――(2014),『タックス・イーター――消えていく税金』岩波新書.
――(2015),『タックス・オブザーバー――当局は税法を理解しているのか』エヌピー新書.
シャクソン・N.(2012),『タックスヘイブンの闇――世界の富は盗まれている！』藤井清美訳, 朝日新聞出版.
詫摩佳代(2020),「コロナ危機とグローバリズム(下) 国際保健――米中対立超え連帯」日本経済新聞, 2020年6月22日朝刊, 経済教室欄.
津田久美子(2016),「「車輪に砂」――EU金融取引税の政治過程：2009～2013年」(2・完),『北大法学論集』第67巻第1号, 59-116頁.
――(2019),「グローバル・タックスの政治過程――EU金融取引税の歴史的意義の考察」上村雄彦編著『グローバル・タックスの理論と実践――主権国家体制の限界を超えて』日本評論社, 171-198頁.
パラン・R., マーフィー・R., シャヴァニュー・C.(2013),『[徹底解明]タックスヘイブン――グローバル経済の見えざる中心のメカニズムと実態』青柳伸子訳・林尚毅解説, 作品社.
ブキャナン・J. M., ワグナー・R. E.(1979),『赤字財政の政治経済学――ケインズの政治的遺産』深沢実・菊池威訳, 文眞堂.
渕圭吾(2016),『所得課税の国際的側面』有斐閣.
ブレナン・G., ブキャナン・J. M.(1984),『公共選択の租税理論――課税権の制限』深沢実・菊地威・平澤典男訳, 文眞堂.
マーフィー・R.(2017),『ダーティ・シークレット――タックス・ヘイブンが経済を破壊する』鬼澤忍訳, 岩波書店.
森信茂樹(2019),『デジタル経済と税――AI時代の富をめぐる攻防』日本経済新聞出版社.
諸富徹(2001),「ドイツにおける近代所得税の発展」宮本憲一・鶴田廣巳編著『所得税の理論と思想』税務経理協会(2001年9月), 193-234頁.
――(2002),「金融のグローバル化とトービン税」『現代思想』2002年12月号, 142-164頁.
――(2013),『私たちはなぜ税金を納めるのか――租税の経済思想史』新潮選書.
――(2015),「EU金融取引税の制度設計と実行可能性」上村雄彦編『グローバル・タックスの構想と射程』法律文化社, 31-53頁.
――(2020),『資本主義の新しい形』岩波書店.

諸富 徹

1968年生まれ.
京都大学大学院経済学研究科博士課程修了.
現在, 京都大学大学院経済学研究科教授. 専門は財政学・環境経済学.
著書―『環境税の理論と実際』(有斐閣), 『思考のフロンティア 環境』『ヒューマニティーズ 経済学』『シリーズ 現代経済の展望 資本主義の新しい形』(以上, 岩波書店), 『低炭素経済への道』(共著, 岩波新書), 『地域再生の新戦略』(中公叢書), 『私たちはなぜ税金を納めるのか』(新潮選書), 『「エネルギー自治」で地域再生!』(岩波ブックレット), 『人口減少時代の都市』(中公新書) など.

グローバル・タックス
――国境を超える課税権力　　岩波新書(新赤版)1858

2020年11月20日　第1刷発行

著 者　諸富《もろとみ》 徹《とおる》

発行者　岡本 厚

発行所　株式会社 岩波書店
〒101-8002 東京都千代田区一ツ橋 2-5-5
案内 03-5210-4000　営業部 03-5210-4111
https://www.iwanami.co.jp/

新書編集部 03-5210-4054
https://www.iwanami.co.jp/sin/

印刷・理想社　カバー・半七印刷　製本・中永製本

© Toru Morotomi 2020
ISBN 978-4-00-431858-3　　Printed in Japan

岩波新書新赤版一〇〇〇点に際して

ひとつの時代が終わったと言われて久しい。だが、その先にいかなる時代を展望するのか、私たちはその輪郭すら描きえていない。二〇世紀から持ち越した課題の多くは、未だ解決の緒を見つけることのできないままであり、二一世紀が新たに招きよせた問題も少なくない。グローバル資本主義の浸透、憎悪の連鎖、暴力の応酬――世界は混沌として深い不安の只中にある。

現代社会においては変化が常態となり、速さと新しさに絶対的な価値が与えられた。消費社会の深化と情報技術の革命は、種々の境界を無くし、人々の生活やコミュニケーションの様式を根底から変容させてきた。ライフスタイルは多様化し、一面では個人の生き方をそれぞれが選びとる時代が始まっている。同時に、新たな格差が生まれ、様々な次元での亀裂や分断が深まっている。社会や歴史に対する意識が揺らぎ、普遍的な理念に対する根本的な懐疑や、現実を変えることへの無力感がひそかに根を張りつつある。そして生きることに誰もが困難を覚える時代が到来している。

しかし、日常生活のそれぞれの場で、自由と民主主義を獲得し実践することを通じて、私たち自身がそうした閉塞を乗り超え、希望の時代の幕開けを告げてゆくことは不可能ではあるまい。そのために、いま求められていること――それは、個と個の間で開かれた対話を積み重ねながら、人間らしく生きることの条件について一人ひとりが粘り強く思考することではないか。その営みの糧となるものが、教養に外ならないと私たちは考える。歴史とは何か、よく生きるとはいかなることか、世界そして人間はどこへ向かうべきなのか――こうした根源的な問いとの格闘が、文化と知の厚みを作り出し、個人と社会を支える基盤としての教養となった。まさにそのような教養への道案内こそ、岩波新書が創刊以来、追求してきたことである。

岩波新書は、日中戦争下の一九三八年一一月に赤版として創刊された。創刊の辞は、道義の精神に則らない日本の行動を憂慮し、批判的精神と良心的行動の欠如を戒めつつ、現代人の現代的教養を刊行の目的とする、と謳っている。以後、青版、黄版、新赤版と装いを改めながら、合計二五〇〇点余りを世に問うてきた。そして、いままた新赤版が一〇〇〇点を迎えたのを機に、人間の理性と良心への信頼を再確認し、それに裏打ちされた文化を培っていく決意を込めて、新しい装丁のもとに再出発したいと思う。一冊一冊から吹き出す新風が一人でも多くの読者の許に届くこと、そして希望ある時代への想像力を豊かにかき立てることを切に願う。

（二〇〇六年四月）

政治

日米安保体制史	吉次公介
官僚たちのアベノミクス	軽部謙介
在日米軍 変貌する日米安保体制	梅林宏道
憲法改正とは何だろうか	高見勝利
共生保障〈支え合い〉の戦略	宮本太郎
シルバー・デモクラシー 戦後世代の覚悟と責任	寺島実郎
憲法と政治	青井未帆
18歳からの民主主義	岩波新書編集部編
検証 安倍イズム	柿崎明二
右傾化する日本政治	中野晃一
外交ドキュメント 歴史認識	服部龍二
日米〈核〉同盟 原爆、核の傘、フクシマ	太田昌克
集団的自衛権と安全保障	豊下楢彦 古関彰一
日本は戦争をするのか	半田滋
アジア力の世紀	進藤榮一
民族紛争	月村太郎
自治体のエネルギー戦略	大野輝之
政治的思考	杉田敦
現代日本の政党デモクラシー	中北浩爾
サイバー時代の戦争	谷口長世
現代中国の政治	唐亮
日本の国会	大山礼子
戦後政治史〔第三版〕	石川真澄 山口二郎
〈私〉時代のデモクラシー	宇野重規
大臣〔増補版〕	菅直人
生活保障 排除しない社会へ	宮本太郎
「ふるさと」の発想	西川一誠
「戦地」派遣 変わる自衛隊	半田滋
民族とネイション	塩川伸明
昭和天皇	原武史
集団的自衛権とは何か	豊下楢彦
沖縄密約	西山太吉
ルポ 改憲潮流	斎藤貴男
吉田茂	原彬久
安心のファシズム	斎藤貴男
市民の政治学	篠原一
東京都政	佐々木信夫
有事法制批判	憲法再生フォーラム編
日本政治 再生の条件	山口二郎編著
安保条約の成立	豊下楢彦
岸信介	原彬久
自由主義の再検討	藤原保信
一九六〇年五月一九日	日高六郎編
日本の政治風土	篠原一
近代の政治思想	福田歓一
日本精神と平和国家	矢内原忠雄

岩波新書より

経済

日本の税金〔第3版〕 三木義一
金融政策に未来はあるか 岩村充
経済数学入門の入門 田中久稔
地元経済を創りなおす 枝廣淳子
会計学の誕生 渡邉泉
偽りの経済政策 服部茂幸
ミクロ経済学入門の入門 坂井豊貴
経済学のすすめ 佐和隆光
ガルブレイス 伊東光晴
ユーロ危機とギリシャ反乱 田中素香
ポスト資本主義 科学・人間・社会の未来 広井良典
タックス・イーター 志賀櫻
コーポレート・ガバナンス 花崎正晴
グローバル経済史入門 杉山伸也
新・世界経済入門 西川潤
金融政策入門 湯本雅士
日本経済図説〔第四版〕 宮崎勇 本庄真 田谷禎三

新自由主義の帰結 服部茂幸
タックス・ヘイブン 志賀櫻
WTO 貿易自由化を超えて 中川淳司
日本財政 転換の指針 井手英策
日本の税金〔新版〕 三木義一
世界経済図説〔第三版〕 宮崎勇 田谷禎三
成熟社会の経済学 小野善康
平成不況の本質 大瀧雅之
原発のコスト 大島堅一
次世代インターネットの経済学 依田高典
ユーロ 危機の中の統一通貨 田中素香
低炭素経済への道 諸富徹 浅岡美恵
「分かち合い」の経済学 神野直彦
グリーン資本主義 佐和隆光
消費税をどうするか 小此木潔
国際金融入門〔新版〕 岩田規久男
金融商品とどうつき合うか 新保恵志

金融NPO 藤井良広
地域再生の条件 本間義人
経済データの読み方〔新版〕 鈴木正俊
格差社会 何が問題なのか 橘木俊詔
景気とは何だろうか 山家悠紀夫
環境再生と日本経済 三橋規宏
社会的共通資本 宇沢弘文
景気と国際金融 小野善康
経営革命の構造 米倉誠一郎
ブランド 価値の創造 石井淳蔵
景気と経済政策 小野善康
戦後の日本経済 橋本寿朗
共生の大地 新しい経済がはじまる 内橋克人
シュンペーター 伊東光晴 根井雅弘
経済学の考え方 宇沢弘文
経済学とは何だろうか 佐和隆光
イギリスと日本 森嶋通夫
近代経済学の再検討 宇沢弘文

社会

- サイバーセキュリティ　谷脇康彦
- まちづくり都市 金沢　山出保
- 虚偽自白を読み解く　浜田寿美男
- 総介護社会　小竹雅子
- 戦争体験と経営者　立石泰則
- 住まいで「老活」　安楽玲子
- 現代社会はどこに向かうか　見田宗介
- EVと自動運転 クルマをどう変えるか　鶴原吉郎
- ルポ 保育格差　小林美希
- 津波災害〔増補版〕　河田惠昭
- 棋士とAI　王銘琬
- 原子力規制委員会　新藤宗幸
- 東電原発裁判　添田孝史
- 日本問答　田中優子・松岡正剛
- 日本の無戸籍者　井戸まさえ
- 〈ひとり死〉時代のお葬式とお墓　小谷みどり

- 町を住みこなす　大月敏雄
- 親権と子ども　榊原富士子・池田清貴
- 歩く、見る、聞く 人びとの自然再生　宮内泰介
- 対話する社会へ　暉峻淑子
- 悩みいろいろ　金子勝
- 魚と日本人 食と職の経済学　濱田武士
- ルポ 貧困女子　飯島裕子
- 鳥獣害 動物たちと、どう向きあうか　祖田修
- 科学者と戦争　池内了
- 新しい幸福論　橘木俊詔
- ブラックバイト 学生が危ない　今野晴貴
- 原発プロパガンダ　本間龍
- ルポ 母子避難　吉田千亜
- 日本にとって沖縄とは何か　新崎盛暉
- 日本病 長期衰退のダイナミクス　金子勝・児玉龍彦
- 雇用身分社会　森岡孝二
- 生命保険とのつき合い方　出口治明

- ルポ にっぽんのごみ　杉本裕明
- 鈴木さんにも分かるネットの未来　川上量生
- 地域に希望あり　大江正章
- 世論調査とは何だろうか　岩本裕
- フォト・ストーリー 沖縄の70年　石川文洋
- ルポ 保育崩壊　小林美希
- 多数決を疑う 社会的選択理論とは何か　坂井豊貴
- アホウドリを追った日本人　平岡昭利
- 朝鮮と日本に生きる　金時鐘
- 被災弱者　岡田広行
- 農山村は消滅しない　小田切徳美
- 復興〈災害〉　塩崎賢明
- 「働くこと」を問い直す　山崎憲
- 原発と大津波 警告を葬った人々　添田孝史
- 縮小都市の挑戦　矢作弘
- 福島原発事故 被災者支援政策の欺瞞　日野行介
- 日本の年金　駒村康平

岩波新書より

食と農でつなぐ 福島から	塩谷弘康・岩崎由美子
過労自殺〔第二版〕	川人博
金沢を歩く	山出保
ドキュメント 豪雨災害	稲泉連
ひとり親家庭	赤石千衣子
女のからだ フェミニズム以後	荻野美穂
〈老いがい〉の時代	天野正子
子どもの貧困 II	阿部彩
性と法律	角田由紀子
ヘイト・スピーチとは何か	師岡康子
生活保護から考える	稲葉剛
かつお節と日本人	宮内泰介・藤林泰
家事労働ハラスメント	竹信三恵子
福島原発事故 県民健康管理調査の闇	日野行介
電気料金はなぜ上がるのか	朝日新聞経済部
おとなが育つ条件	柏木惠子
在日外国人〔第三版〕	田中宏
まち再生の術語集	延藤安弘

震災日録 記憶を記録する	森まゆみ
原発をつくらせない人びと	山秋真
社会人の生き方	暉峻淑子
構造災 科学技術社会に潜む危機	松本三和夫
家族という意志	芹沢俊介
ルポ 良心と義務	田中伸尚
飯舘村は負けない	千葉悦子・松野光伸
夢よりも深い覚醒へ	大澤真幸
子どもの声を社会へ	桜井智恵子
就職とは何か	森岡孝二
日本のデザイン	原研哉
ポジティヴ・アクション	辻村みよ子
脱原子力社会へ	長谷川公一
希望は絶望のど真ん中に	むのたけじ
福島 原発と人びと	広河隆一
アスベスト 広がる被害	大島秀利
原発を終わらせる	石橋克彦編
日本の食糧が危ない	中村靖彦
勲章 知られざる素顔	栗原俊雄

希望のつくり方	玄田有史
生き方の不平等	白波瀬佐和子
同性愛と異性愛	風間孝・河口和也
贅沢の条件	山田登世子
新しい労働社会	濱口桂一郎
世代間連帯	上野千鶴子・辻元清美
道路をどうするか	五十嵐敬喜・小川明雄
子どもの貧困	阿部彩
子どもへの性的虐待	森田ゆり
戦争絶滅へ、人間復活へ	むのたけじ・黒岩比佐子 聞き手
テレワーク 「未来型労働」の現実	佐藤彰男
反貧困	湯浅誠
地域の力	大江正章
不可能性の時代	大澤真幸
グアムと日本人 戦争を埋立てた楽園	山口誠
少子社会日本	山田昌弘
親米と反米	吉見俊哉
「悩み」の正体	香山リカ

岩波新書より

変えてゆく勇気	上川あや
戦争で死ぬ、ということ	島本慈子
社会学入門	見田宗介
冠婚葬祭のひみつ	斎藤美奈子
壊れる男たち	金子雅臣
少年事件に取り組む	藤原正範
いまどきの「常識」	香山リカ
働きすぎの時代	森岡孝二
桜が創った「日本」	佐藤俊樹
生きる意味	上田紀行
ルポ 戦争協力拒否	吉田敏浩
ウォーター・ビジネス	中村靖彦
男女共同参画の時代	鹿嶋敬
当事者主権	中西正司 上野千鶴子
ルポ 解雇	島本慈子
豊かさの条件	暉峻淑子
人生案内	落合恵子
若者の法則	香山リカ
自白の心理学	浜田寿美男

原発事故はなぜくりかえすのか	高木仁三郎
日本の近代化遺産	伊東孝
証言 水俣病	栗原彬編
コンクリートが危ない	小林一輔
東京国税局査察部	立石勝規
ドキュメント 屠場	鎌田慧
能力主義と企業社会	熊沢誠
沖縄 平和の礎	大田昌秀
現代社会の理論	見田宗介
原発事故を問う	七沢潔
災害救援	野田正彰
命こそ宝 沖縄反戦の心	阿波根昌鴻
スパイの世界	中薗英助
都市開発を考える	大野輝之 レイコ・ハベ・エバンス
ディズニーランドという聖地	能登路雅子
原発はなぜ危険か	田中三彦
豊かさとは何か	暉峻淑子
農の情景	杉浦明平

光に向って咲け	粟津キヨ
異邦人は君ヶ代丸に乗って	金賛汀
読書と社会科学	内田義彦
科学文明に未来はあるか	野坂昭如編著
プルトニウムの恐怖	高木仁三郎
社会科学における人間	大塚久雄
沖縄ノート	大江健三郎
地の底の笑い話	上野英信
この世界の片隅で	山代巴編
音から隔てられて	入谷仙介 林瓢介編
ものいわぬ農民	大牟羅良
民話を生む人々	山代巴
死の灰と闘う科学者	三宅泰雄
米軍と農民	阿波根昌鴻
沖縄からの報告	瀬長亀次郎
暗い谷間の労働運動	大河内一男
ユダヤ人	J-P・サルトル 安堂信也訳
社会認識の歩み	内田義彦
社会科学の方法	大塚久雄

現代世界

- トランプのアメリカに住む　吉見俊哉
- ライシテから読む現代フランス　伊達聖伸
- ベルルスコーニの時代　村上信一郎
- イスラーム主義　末近浩太
- ルポ 不法移民 アメリカ国境を越えた男たち　田中研之輔
- 習近平の中国 百年の夢と現実　林望
- 日中漂流　毛里和子
- 中国のフロンティア　川島真
- シリア情勢　青山弘之
- ルポ トランプ王国　金成隆一
- ルポ 難民追跡 バルカンルートを行く　坂口裕彦
- アメリカ政治の壁　渡辺将人
- プーチンとG8の終焉　佐藤親賢
- 香港 中国と向き合う自由都市　倉田徹・張イクマン
- 〈文化〉を捉え直す　渡辺靖
- イスラーム圏で働く　桜井啓子編
- 中南海 知られざる中国の中枢　稲垣清
- フォト・ドキュメンタリー 人間の尊厳　林典子
- ㈱貧困大国アメリカ　堤未果
- 女たちの韓流　山下英愛
- 新・現代アフリカ入門　勝俣誠
- 中国の市民社会　李妍焱
- 勝てないアメリカ　大治朋子
- ブラジル 跳躍の軌跡　堀坂浩太郎
- 非アメリカを生きる　室謙二
- ネット大国中国　遠藤誉
- 中国は、いま　国分良成編
- ジプシーを訪ねて　関口義人
- 中国エネルギー事情　郭四志
- アメリカン・デモクラシーの逆説　渡辺靖
- ユーラシア胎動　堀江則雄
- オバマ演説集　三浦俊章編訳
- ルポ 貧困大国アメリカII　堤未果
- オバマは何を変えるか　砂田一郎
- イスラエル　臼杵陽
- ネイティブ・アメリカン　鎌田遵
- アフリカ・レポート　松本仁一
- ヴェトナム新時代　坪井善明
- イラクは食べる　酒井啓子
- ルポ 貧困大国アメリカ　堤未果
- エビと日本人II　村井吉敬
- 北朝鮮は、いま　北朝鮮研究学会編 石坂浩一監訳
- 欧州連合 統治の論理とゆくえ　庄司克宏
- バチカン　郷富佐子
- 国際連合 軌跡と展望　明石康
- アメリカよ、美しく年をとれ　猿谷要
- 日中関係 戦後から新時代へ　毛里和子
- いま平和とは　最上敏樹
- 「民族浄化」を裁く　多谷千香子
- サウジアラビア　保坂修司
- 中国激流 13億のゆくえ　興梠一郎

岩波新書より

多民族国家 中国	王 柯
国連とアメリカ	最上敏樹
東アジア共同体	谷口 誠
ヨーロッパとイスラーム	内藤正典
現代の戦争被害	小池政行
帝国を壊すために	アルンダティ・ロイ 本橋哲也 訳
多文化世界	青木 保
デモクラシーの帝国	藤原帰一
パレスチナ〔新版〕	広河隆一
人道的介入	最上敏樹
異文化理解	青木 保
ロシア市民	中村逸郎
ロシア経済事情	小川和男
南アフリカ「虹の国」への歩み	峯 陽一
ユーゴスラヴィア現代史	柴 宜弘
ビルマ「発展」のなかの人びと	田辺寿夫
東南アジアを知る	鶴見良行
獄中19年	徐 勝

モンゴルに暮らす	一ノ瀬恵
チェルノブイリ報告	広河隆一
イスラームの日常世界	片倉もとこ
サッチャー時代のイギリス	森嶋通夫
エビと日本人	村井吉敬
バナナと日本人	鶴見良行
韓国からの通信	T・K生 「世界」編集部編
現代支那論	尾崎秀実

岩波新書/最新刊から

1846 暴君 ―シェイクスピアの政治学―
スティーブン・グリーンブラット著 河合祥一郎訳
暴君誕生の社会的、心理的原因を探り、絶対的権力への欲望と、その悲惨な結末を描いたシェイクスピアが現代に警鐘を鳴らす。

1847 ドイツ統一
アンドレアス・レダー著 板橋拓己訳
ドイツ統一から三〇年。冷戦末期の変容する世界政治の帰結であり、その後のすべての原点ともなった市民革命を明快に描く。

1848 道教思想10講
神塚淑子著
老子の「道」の思想から、「気」の生命観、政治思想、仏教との関わり、日本への影響まで、丁寧なテキスト読解に基づく入門書。

1849 有島武郎 ―地人論の最果てへ―
荒木優太著
土地や血統の宿命からは逃れられないと知りつつも、普遍的な個性や愛を信じた有島武郎の作品と生涯を読み解いていく。

1850 アメリカ大統領選
久保文明 金成隆一著
大統領選の基本から、予備選・本選の現場ルポ、二極化するアメリカ社会の構図まで、四年に一度の政治変革の見どころを総ざらい。

1851 藤原定家『明月記』の世界
村井康彦著
青年期から生涯にわたって綴られた日記『明月記』を詳細に読み解くことで、藤原定家の日常、その生身の姿が浮かび上がる。

1852 三島由紀夫 悲劇への欲動
佐藤秀明著
「悲劇的なもの」への憧憬と渇仰。その抑えがたい欲動に衝き動かされ、身を挺して生涯を完結させた作家の深奥に分け入る評伝。

1853 実践 自分で調べる技術
宮内泰介 上田昌文著
調査の設計から、資料・文献の扱い方、聞き取りの方法、データの整理、発表や執筆まで、手順とコツを詳しく解説。

(2020.11)